LA OBRA POÉTICA DE LUIS CERNUDA: ENTRE MITO Y DESEO

ensayo

MARÍA CRISTINA C. MABREY
University of South Caroline

La obra poética de Luis Cernuda: entre mito y deseo

EDITORIAL PLIEGOS
MADRID

I. S. B. N.: 84-88435-35-5
Depósito legal: M-31939-1996

T

Colección Pliegos de Ensayo
Diseño: Rogelio Quintana
EDITORIAL PLIEGOS
Gobernador, 29 4A
28014 Madrid

Printed in Spain
Composición: Francisco Arellano
Impresión: Coopegraf

1002 811094

ÍNDICE

EN RECONOCIMIENTO

Agradezco de manera especial los consejos, advertencias, ánimo que con tan buen tino supo darme mi maestro el Dr. José Manuel Polo de Bernabé, a cuyos esfuerzos debo el haber completado este estudio de la poesía de Cernuda.

A los profesores Cilveti, Collins, De la Quérrière, Domínguez y Rivero-Potter les agradezco que tan amablemente se hayan prestado a dar su tiempo y esfuerzo en la evaluación de este trabajo.

Y de manera especial se lo dedico a mis padres.

Abreviaturas de las obras de Cernuda

PA	*Perfil del Aire*
PP	*Primeras poesías*
URUA	*Un río, un amor*
LPP	*Los placeres prohibidos*
DHO	*Donde habite el olvido*
LRD	*La realidad y el deseo*
LN	*Las nubes*
CQEA	*Como quien espera el alba*
VSEV	*Vivir sin estar viviendo*
CHC	*Con las horas contadas*
DQ	*Desolación de la quimera*
PC	*Poesía completa*
PRC	*Prosa completa*
EEO	*Égloga, Elegía, Oda*
O y V	*Ocnos* seguido de *Variaciones sobre tema mexicano*

Capítulo I

MITO, LENGUAJE Y DESEO

La obra de Luis Cernuda aparece compilada en el volumen titulado *La realidad y el deseo*. La primera vez que el autor se refiere a su obra con este título es en 1936, cuando aparece la primera edición, donde integra sus poemas desde *Perfil del Aire*[1], su primer libro, a *Invocaciones*. Posteriormente siguió ampliándolo en sucesivas ediciones, hasta su muerte en 1963, quedando así constituido por doce poemarios, unidos bajo este título. Escribió además dos colecciones de poemas en prosa, *Ocnos* y *Variaciones sobre tema mexicano*, que dan fe igualmente de la cosmovisión del poeta: la lucha irreconciliable entre realidad y deseo. El autor trata de comprender ambos mediante la tensión a que los somete, de manera que se definan por oposición. La obra poética de Cernuda está generada por un lenguaje que a su vez se centra en la oposición o tensión de sus términos, es decir, por un lenguaje que tiene como referente la realidad objetiva y

---

[1] *Perfil del aire* fue modificado por el autor y aparece en este libro bajo el título de *Primeras poesías*.

otro cuya referencialidad es la evocación de lo imaginario, lo sensitivo y lo mítico. Es en el contexto de la tensión entre mito y realidad donde se centra el presente
trabajo, y se analizará el mito como imagen del deseo en
la obra del autor sevillano.

En el presente capítulo, a manera de introducción, se
verá el mito en el contexto del siglo XX y, brevemente, se
hablará de algunas escuelas de pensamiento que han
usado el mito bien como fuente de información, bien
como ilustrativo de un pensamiento anterior al lenguaje
escrito, bien como sujeto del inconsciente, como una
forma de lenguaje secundario, o como imagen del deseo,
que es precisamente lo que nos importa en el desarrollo
del presente trabajo. Los capítulos siguientes serán dedicados a demostrar de qué manera Cernuda trata el mito
o lo mítico como lenguaje del deseo.

Comenzaremos por explicar lo que entendemos por
deseo y lo que entendemos por mito.

El deseo, aunque su definición más común se entiende de carácter sexual (deseo por otro cuerpo para pene-
trarlo), no se limita a este significado. Aquí el deseo se
comprende en términos de la líbido que, según Carl G.
Jung, no es únicamente el instinto sexual sino "an energy
value which is able to communicate itself to any field of
activity whatsoever, be it power, hunger, hatred, sexuality, or religion, without being itself a specific instinct"[2].
Pero, al mismo tiempo, Jung admite que la líbido "de-
notes a desire or impulse which is unchecked by any
kind of authority, moral or otherwise", y que, desde el
punto de vista genético, es una necesidad biológica como

----

[2] Carl G. Jung, *Collected Works*, 2nd. ed., 19 vols., trad. R. F. C.
Hull, ed. Sir Herbert Read, et al. Bollingen Series 20 (Princeton: Princeton UP, 1969) 5: 137.

el hambre, la sed, el sueño, o el sexo (5: 135). Más adelante se hablará con más amplitud del deseo de acuerdo con la teoría de Jacques Lacan y en relación a la obra de Cernuda.

El mito también implica cierta complejidad de conceptos, ya que ha sido estudiado por disciplinas como la religión, la sociología, la literatura, la filosofía, la historia, la psicología. Todos los campos mencionados dependen del lenguaje para su exposición y el lenguaie es el medio donde vive, por así decirlo, el mito. Cada una de estas escuelas ve el mito de forma diferente; por lo tanto éste se resiste a ser definido bajo una sola óptica. Puesto que se verá el mito en la imagen poética de Cernuda la definición que nos interesa es la que cabe dentro del contexto literario, aunque tengamos que mencionar a veces cómo se comprende el mito en el psicoanálisis, dentro de la religión, de la historia, etc.

En la poesía de Cernuda entendemos el mito como leyenda de índole sagrada o profana utilizada por el autor en su búsqueda por dar forma al deseo y reconstruir, en imágenes sensibles, los estragos que causa el choque de la fuerza del deseo contra la realidad. En la obra de Cernuda no hay compromiso entre la realidad y el deseo; siempre hay oposición. En su poesía todo aquello (el amor, la pasión, una flor, un lugar, una persona, un tiempo, el tiempo, etc.) a lo cual se rodea del deseo queda mitificado; pasa de una existencia común a una existencia dentro del mito para aquél que así lo contempla.

Para Lilian Feder el mito es "both a personal and social vehicle of thought and feeling, deeply united and expressed in symbolic form".[3] Para Roland Barthes el mito

---

[3] Lilian Feder, "A definition of myth", *Ancient Myth in Modern Poetry* (Princeton: Princeton UP, 1971) 10.

es un lenguaje de segundo orden que se define por su intención,[4] y Joseph Campbell cree que la función de la mitología en la sociedad es la de salvaguardar al ego de las
presiones que encuentra en su medio ambiente, tanto físicas como psicológicas.[5] Para Roger Caillois lo mítico se
resiste a ser explicado por un sistema de representación.
Deja un residuo (lo heterogéneo) al cual, por reacción, se
le atribuye una importancia decisiva.[6] Para Mircea Eliade
lo mítico contamina lo real. El rito y el mito están íntimamente unidos, permitiendo el rito que el mito tenga un carácter sagrado. Al divorciarse del rito, el mito decae, limi-
tándose a ser objeto estético como en la Grecia clásica.[7]
Por eso para Eliade el mito no es solamente lenguaje sino
una realidad que tuvo lugar en *illo tempore*, tan alejado para nosotros que se convierte en fábula.[8] Georges Bataille
dice que el mito satisface al hombre cuando ya éste se encuentra desilusionado de la ciencia o la política puesto
que el mito da una imagen de plenitud que a la realidad le
falta.[9] En el campo de la literatura, Northop Frye define el
mito como un mundo puramente literario de tema ficticio
que no puede ser afectado por los cánones que rigen lo
plausible o lo familiar. Es una imitación de acciones que se
encuentran cerca o dentro de los límites del deseo.[10]

———

[4] Roland Barthes, *Mythologies* (Paris: Editions de Seuil, 1957) 2.

[5] Joseph Campbell, "Bios and Mythos: Prolegomena to a Science
of Mythology", *Myth and Literature*, ed. John B. Vickery (Lincoln: U.
Nebraska P. 1966) 20.

[6] Roger Caillois, *Le Mythe et l'homme* (Paris: Gallimard, 1972) 16.

[7] Mircea Eliade, *Myth and Reality*, trans. Willard R. Trask (New
York: Harper & Row, 1968) 27.

[8] Eliade, *Myth and Reality* 72.

[9] Dennis Hollier, comp., *The College of Sociology (1937-39)*, trans.
Betsy Wind (Minneapolis: U. Minnesota P., 1988) 22.

[10] Northop Frye, *The Anatomy of Criticism* (Princeton: Princeton U.
P., 1957) 136.

En resumen, estos teóricos del siglo XX prueban que no existe un punto de vista único sobre qué es el mito y lo mítico. No obstante, el mito es un lenguaje que se vale del lenguaje común, que Barthes denomina "lenguaje-objeto", para crear el suyo propio, sus mitologemas, y es dentro de esta trayectoria que organizamos nuestro estudio.

En el siglo XVIII, momento de exploración científica de todo lo universal, ya Giambattista Vico estudió la poesía en yuxtaposición con el mito. Vico creía que para los poetas teológicos todas las sustancias gozaban de una naturaleza divina y por lo tanto daban nombres como Neptuno, Júpiter o Cibeles a las aguas, el cielo o la tierra. Observando esta forma de pensar, Vico concluye que los de su tiempo también nombran la parte humana espiritual y las ideas por medio de personificaciones míticas de naturaleza femenina, como la libertad, la justicia, la filosofía, etc., para representar pasiones, virtudes o vicios. Vico es así el primero en considerar el mito como una forma de aprehender la realidad, una elaboración, una fábula, *mythos*, que tiene su origen en el deseo de nombrar toda apariencia física.[11]

Nosotros creemos que los mitos, en un principio, nacieron como soluciones al problema de representar la reacción afectiva ante el mundo cambiante; nacieron del deseo, además, de hacer permanente, mediante la representación, un universo en proceso de constante transformación, entre lo que nace y lo que muere. El hombre primitivo percibía en la naturaleza un sentido sagrado que era transcrito en los mitos, que así resolvían los enigmas que rodeaban tanto su existencia como la del mundo

---

[11] Gaimbattista Vico, *The New Science*, trans. Thomas Goddard Bergin and Max Harold Fisch (Ithaca: Cornell U. P., 1948) 114-115.

natural, cuando todavía no existía la ciencia. El mito tenía entonces un sentido numinoso que se ha ido perdiendo en nuestros días. Sin embargo, la fuerza del mito
continúa, y al ser objeto de la literatura, como el lenguaje, es comunicación y portador del saber.

Luis Cencillo, quien estudia los diferentes procesos
del mito en su libro *Mito, semántica y realidad*, dice que el
primer mitologema o "constelación mítica" ya se encaminaba a profundizar en los contenidos que el espíritu
humano puede producir. "Por eso el mito genuino no
puede hacer uso de ninguna representación o realidad
en su sentido propio sino que toda representación mitologemática ha de convertirse, en este uso mítico, en sustitutivo expresivo de otra realidad más inaccesible y profunda".[12] Al clasificar los mitos etiológicos, explicativos
del origen de las cosas, a los que Eliade, por ejemplo,
dedica más atención en *Myth and Reality*, Cencillo los
juzga triviales. No los considera mitos en toda la extensión de la palabra porque no incrementan el valor sapiencial de la conciencia. Sin embargo, J. M. Cohen,
editor de *The Myths of Plato*, dice que éstos intentan reconstruir en imágenes coherentes la relación existente
entre el mundo de la experiencia sensorial y el sueño —
siendo el sueño el contexto que sirve de base a la experiencia sensorial— y constituyen el punto de unión entre
ciencia e imaginación.[13] Cita como ejemplo el mito de
Prometeo que alude al origen del fuego. Para Cencillo,
"el saber mítico no vivisecciona conceptualmente, sino
que sugiere, incita a la meditación *simultáneamente afecti-*

---

[12] Luis Cencillo, *Mito, semántica y realidad* (Madrid: Biblioteca de
Autores Cristianos, 1970) 25.
[13] J. M. Cohen, ed., *The Myths of Plato*, trans. J. A. Stewart, introd.
G. R. Levy (London: Centaur Press, Ltd., 1960) 28.

va y discursiva acerca de los enigmas, las multivalencias y la inextricable ciomplicación mutua de las dimensiones radicales y germinales de las realidades en cuestión".[14] Creemos que para Cernuda es este mismo el valor del mito: una meditación afectiva de los enigmas con que nos presenta el deseo.

En una primera clasificación incluye Cencillo los mitos de culturas en estado tribal que no vamos a tratar aquí. Otra segunda clasificación incorpora mitos signitivos, participativos y etiológicos que tienen la función de orientar al ser humano para dirigirle hacia su sentido propio, el sentido del cosmos, y el de ciertos acontecimientos, mostrándole el valor de la convivencia en comunidad y la importancia del nacionalismo. Los *signitivos-tipológicos* se centran en la revelación de contenidos sacros que descubren "realidades últimas", como la piedra filosofal de los alquimistas, mitos del centro, el *Uroboros*, etc. Los *signitivos-escatológicos* se ocupan del sentido de la vida basado en el "más allá" y de "las realidades cósmicas a partir de la exposición de un estado final, concebido de un modo catastrófico, teofánico o esencialmente transformativo de la condición humana". Como ejemplos cita el fénix, el diluvio, o la finalidad de un héroe que representa una época (Cronos dando lugar a Zeus). La tercera clasificación que, según él, es de grado, son mitos de origen colectivo y cuando sobre ellos pesa el influjo individual, "poético, estilístico, teológico, filosófico o sectario", aparecen impurezas en la historia mítica original. Estos ya corresponden a un período más avanzado de la cultura y Cencillo los divide así:

---

[14] Cencillo 35.

1. Primitivos		3. Alegóricos	
	Rituales		
2. Mistéricos		4. Épicos	Literarios
		5. Legendarios	

Los dos primeros son de carácter religioso y se diferencian de los del otro grupo en "el modo inverosímil, exclusivamente mítico-funcional, de asociar sintácticamente [sic] sus elementos expresivos los dos primeros y en la racionalización de los segundos, en los cuales el protagonista es siempre el hombre, con su juego de reacciones y de afectos comprensibles y explicables en el plano de la experiencia familiar". En el segundo grupo, el número 3 y el 4 se distinguen no en su contenido sino en el valor "expresamente simbólico" de cada uno de sus constituyentes, ya que los alegóricos carecen de valor transcendental (su ocurrencia en *illo tempore*) para concentrarse en el valor paradigmático de actuaciones humanas profundas.[15]

Nos posicionamos en este último grupo (los literarios) porque es la literatura la que da sentido al mito, más allá de su función primordial, religiosa, social o política. Cencillo cree que estos mitos, que ya muestran una gran elaboración en comparación con los mitos tribales, corresponden a una cultura mixta y secularizada. Tratan en general de impartir una enseñanza de tipo moral o de tipo social. Cree que considerarlos como "mitos propiamente dichos" es una cuestión debatible. Cita como ejemplos *Los trabajos y los días* de Hesiodo; los viajes al mundo de las tinieblas de héroes míticos, "las *apokalypsis* judías", los mitos que se ocupan de la iniciación a ciertos

---

[15] Cencillo 45-58.

misterios helenistas (Ceres, Orfeo o Dionisio) y los in-
cluidos en los *Diálogos* de Platón, que él considera no
como mitos *per se*, sino como "narraciones alegórico-
paradigmáticas". Cita además mitos etiológicos de instituciones y realidades nacionales, y la literatura alquí-
mica, generada por las "visiones de Zósimo".[16] Al analizar la obra cernudiana se hará referencia a algunos de
estos mitos cuando sean objeto de la imagen poética.

"Myth is language: to be known, myth has to be told.
It is a part of human speech", dice Claude Lévi-Strauss,
quien se ocupa del mito como ciencia, ayudándose de la
lingüística para demostrar que el mito es difícil de precisar si no se ve como un sistema lingüístico de segundo
orden. Saussure divide el lenguaje en dos modos diferentes de operar: *langue y parole*, "one being the stmctu-
ral side of language, the other the statistical aspect of it,
langue belonging to a reversible time, parole being non-
reversible". El mito usa un tercer modo de referencialidad que combina *langue y parole*. Aunque se refiera a he-
chos que ocurrieron hace tiempo inmemorial tiene un
valor sin tiempo, porque trata de explicar tanto el presente como el pasado como el futuro.[17] El mito, como el
lenguaje, es diacrónico y sincrónico, nos dice Lévi-
Strauss. Parte de la hipótesis de que ambos están forma-
dos por unidades, pero éstas corresponden a un orden
más elevado que el lenguaje-comunicación, y denomina
"mitemas" a estas unidades que lo constituyen. Como
las del lenguaje (fonemas, morfemas, sememas) se basan

---

[16] Cencillo 58.
[17] Claude Lévi-Strauss, "The Structural Study of Myth", *Structural
Anthropology*, 2 vols. trans. Claire Jacobson & Brooke Grandfest
Schoepf (New York: Basic Books, Inc., 1963) 1: 209.

en un sistema de relaciones.[18] Las partes constituyentes de un mito no forman "isolated relations but *bundles of such relations*, and it is only as bundles that these relations can be put to use and combined so as to produce meaning".[19]

Lévi-Strauss hace un análisis estructural del conocido mito de Edipo a través de un esquema general que se lee horizontalmente lo mismo que de abajo a arriba, lo cual permite ver el mito como diacrónico y sincrónico. Hace hincapié en que aún existiendo diferentes versiones del mito todas estas variantes se inscriben, aunque sea por contraste, en el significado que conlleva la estructura general.

Nosotros asumimos que cuando Cernuda usa un mito, aunque éste no esté expresado de acuerdo con una versión popularizada sino utilizado como versión propia, o apenas aludido, el mito es reconocible, e independientemente de los significados que originalmente se le hayan atribuido, toma otro significado, válido para el momento en que el autor lo utiliza. Así el mito de Ícaro percibido por el poeta comunica la imposibilidad del ser humano de poder transcender sus limitaciones:

> Niño en brazos del aire
> Ellas fueron sus alas en tiempos de alegría,
> Esas que por el fango derribadas
> Burla y respuesta dan el afán que interroga.[20]

---

[18] La lingüística (Saussure) admite que cualquier palabra "sólo existe porque se relaciona y porque se opone a las palabras que le están asociadas, tal como cualquier signo autóctono". En Carlos Reis, *Fundamentos y técnicas del análisis literario* (Madrid: Gredos, 1981) 200-201.

[19] Lévi-Strauss, "The Structural Study of Myth", 211.

[20] Luis Cernuda, "Bajo el anochecer inmenso", *Poesía completa*,

Siguiendo también la trayectoria estructuralista, Barthes observa el siglo XX como un tiempo donde se tiende a mitificarlo todo. "El poder del mito es su recurrencia", dice. Tiene la propiedad de ser un valor que:

> ... Il n'a pas la vérite pour sanction; rien ne l'empêche d'être un alibi perpétuel: il lui suffit que son signifiant ait deux faces pour disposer toujours d'un ailleurs: le sens est toujours la pour présenter la forme; la forme est toujours là pour distancer le sens. Et il n'y a jamais contradiction, conflit, éclatement entre les sens et la forme: ils·ne se trouvent jamais dans le meme point.[21]

Según Barthes es la historia la que transforma un hecho real en "parole" y por lo tanto regula "la vie et la mort du langage mythique". Como consecuencia "chaque objet du monde peut passer d'une existence fermée, muette, a un état oral, ouvert a l'appropiation de la societé". Este estado oral se produce por medio de la retórica del mito. Siendo forma, el mito puede ser apropiado por cualquier sistema político, como expresa Barthes. Es el caso de la dictadura española que siguió a la Guerra Civil (1936-1939), la cual tomó el ya mítico imperio español como estandarte de su campaña política. El mito le sirve también a Cernuda en poemas como "El César" para criticar la figura del dictador. Así pues, el mismo Cernuda revitaliza el mito del poder en un momento en que le es necesario señalar una circunstancia real, lo cual concuerda con Barthes: "Lontaine ou non, la

---

eds. Dereck Harris y Luis Maristany (Barcelona: Barral Editores, 1977) 159. Las citas subsiguientes procedentes de esta edición se darán en el texto.

[21] Barthes 209.

mythologie ne peut avoir qu'un fondement historique, car le mythe est une parole choisie par l'histoire: il ne saurait surgir de la 'nature' dés choses".[22]

Es además "parole choisie" por un poeta determinado, quien puede apropiarse un vocablo común y darle un carácter mítico, constituyendo en su poesía unos "seres poéticos" que se relacionan íntimamente con el mito por virtud de ser nombrados únicamente. En la poesía de Cernuda, las nubes, las alas, el diamante, el cuerpo masculino, el agua, etc., aunque no narren una historia mítica, traen el mito a primer plano, porque para el autor estos términos son eco del mito, hacen salir a la superficie un contexto subyacente, evocado por el deseo, por situaciones secretas, experiencias sagradas o vedadas. El poema en prosa "El magnolio" confiere un poder mítico a una planta con objeto de comunicar el deseo a través de algo concreto:

> Entre las hojas brillantes y agudas se posaban en primavera, con ese sutil misterio de lo virgen, los copos nevados de sus flores.
>
> Aquel magnolio fue siempre para mí algo más que una hermosa realidad: en él se cifraba la imagen de la vida... Su propio ardor lo consumía, y brotaba en la soledad unas puras flores, como sacrificio inaceptado ante el altar de un dios.[23]

La propia fuerza del deseo transforma el objeto en "algo más que una hermosa realidad". De esta manera

---

[22] Barthes 194.

[23] Luis Cernuda, *Ocnos seguido de Variaciones sobre tema mexicano* (Madrid: Taurus, 1979) 29. Las citas subsiguientes de esta edición se darán en el texto.

Cernuda no se apropia un mito ya constituido sino que, al poetizar un objeto de la realidad externa lo convierte en mito, envolviéndolo con la propia retórica del lenguaje.

La conversión de algo natural en mito no puede ser únicamente posible por la carga de afectividad con que haya de investirse al objeto del deseo. Para que se produzca la total conversión es necesario el instrumento lingüístico. Los estudiosos del lenguaje como generador mismo del mito pueden encontrarse en la escuela filosófica a la que pertenece Ernst Cassirer, quien en *Language and Myth* desarrolla la hipótesis de que el mito es un resultado del lenguaje:

> The notion that name and essence bear a necessary and internal relation to each other, that the name does not merely denote but actually is the essence of its object, that the potency of the real thing is contained in the name that is one of the fundamental assumptions of the mythmaking consciousness.[24]

Dentro de esta escuela cita a Max Müller, quien cree que el mito no es la transformación de la historia en fábula o viceversa. El mito es "something conditioned and negotiated by the agency of language; it is in fact, the product of a basic shortcoming, an inherent weakness of language", porque toda denotación es por naturaleza ambigua y por esta causa en "this 'paronymia' of words lies the sources of all myths".[25] Cree Cassirer que el mito, el arte, el lenguaje y la ciencia se nos dan como sím-

---

[24] Ernst Cassirer, *Language and Myth*, trans. Susanne K. Langer (New York: Dover Publications, Inc., 1953) 3.
[25] Cassirer 3-4

bolos, no simplemente figurativos de una determinada realidad, sino que son símbolos en el sentido de fuerzas, cada cual produciendo un mundo por sí mismo. En esta ambivalencia es donde el espíritu se va constituyendo a sí mismo, "in that inwardly determined dialectic by virtue of which alone there is any reality, any organized and definite Being at all".[26] Basándose en este postulado Cassirer comenta que cualquier experiencia que el ser humano confronta, miedo, esperanza, peligro, dolor, amor, deseo, etc., puede afectarle de manera religiosa: "Just let spontaneous feeling invest the objetc before him, or his own personal condition, or some display of power that surprises him, with an air of holiness, and the momentary god has been experienced and created".[27]

Hemos visto en "El magnolio" como este "dios momentáneo" se produce. Es además recurso poético frecuente en la obra poética de Cernuda. "Escultura inacabada" (David-Apolo de Miguel Ángel) recrea la estatua del *David* de Miguel Ángel. En este poema la efusión del momento ante la contemplación del cuerpo perfecto esculpido, hace salir al dios mítico del confín de piedra donde se encuentra, produciendo en el hablante un fervor ante la estatua. A nivel lingüístico el poema puede explicar la ambigüedad entre fondo y forma que conlleva todo lenguaje poético: la forma es la estructura en piedra (estatua de un héroe mítico a la vez dios y hombre), el fondo la propia interpretación que Cernuda hace de esta obra de arte, trayendo a primer plano lo que el mito evoca en el hablante, es decir, sustituye con otro lenguaje el propio mensaje de la piedra, que por sí mis-

---

[26] Cassirer 8.
[27] Cassirer 18.

ma ya tenía un sentido explícito: el héroe mítico-cristiano, David, o el griego, Apolo, por lo cual el mito se manifiesta a diferentes lectores (Miguel Ángel, Cernuda, el lector-observador), y genera múltiples significados, que son diferentes para cada lector, por lo que el mito, siendo un segundo lenguaje, siempre connotativo, nos presenta una realidad más profunda:

> Sorprendido, oh sorprendido
> Desnudo, en una pausa,
> Por la selva remota,
> Transpuesto el tiempo.
>
> Adherido a la tierra
> Todavía, al tronco
> Y a la roca, en la frontera
> De infancia a mocedades
>
> Reposo y movimiento
> Coinciden, ya en los brazos,
> El sexo, flor no abierta,
> O los muslos, arco de lira.
> (*VSEV. PC* 394)

Cernuda no exalta las acciones de David ni la sabiduría de Apolo, sino la belleza de ambos, contenedora, sin la cual la expresión de la valentía o la de la profecía no tendrían apoyo. De aquí que Cernuda establezca un culto religioso al cuerpo humano por el poder que de él emana.

Al entrar en el terreno de la afectividad cabe mencionar aquí los trabajos de la escuela psicoanalítica en su interpretación de los mitos helénicos, ya que en este siglo el deseo ha sido explorado como fuerza motriz responsable del equilibrio —o desequilibrio— mental.

Freud es el pionero de esta escuela con su trabajo *Die Traumdeatung*, al cual nos referiremos como *The Interpretation of Dreams*, que apareció en 1899, aunque la primera edición es de Viena, 1900. Con más extensión, su discípulo, Carl G. Jung, desarrolla la teoría de los arquetipos del inconsciente colectivo, que aparecen en los mitos y símbolos de la tradición literaria, y que se observan con más persistencia en el sueño. Más tarde el psiquiatra francés, Jacques Lacan, como revisionista de Freud, lanza su propia teoría para explicar que la imagen onírica, o del inconsciente, está estructurada como un lenguaje; y usa por lo tanto la lingüística estructural para demostrar que el lenguaje del inconsciente es metafórico y metonímico.

Lacan acredita este descubrimiento al trabajo de Roman Jakobson,[28] por lo que antes de pasar a explicar cómo ven el mito Freud, Jung y Lacan es pertinente, aunque esquemáticamente, dar algunos detalles de las diversas funciones del lenguaje. Si la escuela psicoanalítica encuentra gran utilidad en la lingüística es básicamente porque el que analiza no tiene otra herramienta que aquello que el paciente le cuenta y esto se expresa a través de un código lingüístico que comparten ambos, psiquiatra y paciente. En sus *Essais de linguistique générale* Jakobson pone de manifiesto las diferentes funciones del lenguaje, en tanto que el emisor (escritor) y el receptor (lector) comparten un código lingüístico común. Una de estas funciones en el plano de la literatura es la función poética, es decir aquello que hace de un código lingüístico una obra de arte. Mientras que una estructura verbal, común, se apoya sobre la combinación fortuita de sus

---

[28] Jacques Lacan, *Ecrits*, 2 vols. (Paris: Editions de Seuil, 1966-71) 1: 263.

términos, la comunicación poética se basa en la intención y premeditación.[29] Jakobson distingue el acto verbal como la interacción entre un emisor del lenguaje y un destinatario que comparten un código. Este acto verbal se lleva a efecto por medio de un contacto psíquico y físico desde el emisor hasta el destinatario, que les permite mantener esta comunicación. Poniendo como ejemplo la poesía de Cernuda, el autor es el emisor, el contacto psíquico la emoción que provoca en el lector el observar la obra compuesta de unas imágenes y de una musicalidad o armonía de sonidos del lenguaje (contacto físico), que, a veces, evoca lo mítico. Jakobson usa el siguiente esquema:

```
                    Contexto
                    Mensaje
Emisor.................. ...........Código........... ...............Destinatario
                    Contacto
```

Estos factores, a su vez, dan paso a una función lingüística diferente, y de la misma manera que hay seis aspectos principales en el proceso de la comunicación hay también mensajes que cuentan con más de una función. La jerarquía de estas funciones es lo que distingue un mensaje de otro, que Jakobson observa como "la función predominante".[30] En poesía es la función poética la que prima en el acto comunicativo y se encuentra entre los polos de la función "émotive" y de la función "conative", la primera se centra en el emisor del menaje y la segunda en el destinatario. La función

---

[29] Roman Jakobson, *Essais de linguistique génerale*, trad. Nicolas Ruwet (Paris: Les Editions de Minuit, 1963) 211.
[30] Jakobson 214.

poética tiene como punto focal el mensaje,[31] quedando
la función referencial en un plano menos engrandecido,
y, a nuestro juicio, es el destinatario (lector) quien basándose en el código puede obtener lo que para él
mismo, a través de su reacción emotiva y experiencia
personal, puede significar el referente. Por eso, la poesía nos parece una labor de exploración más que una
adivinación de la intención del autor al escribir un
poema. La labor de adivinación es la que ha caracteri-
zado hasta ahora, con muy pocas excepciones, la crítica
en torno a Luis Cernuda. Nuestra lectura pues de su
poesía es aquella que pone énfasis en el mensaje tanto
como código sometido a la función poética como inscrito dentro de un contexto más allá de la realidad, dentro
del mito, lo cual es posible ya que, según Jakobson, "il
serait difficile de trouver des messages qui rempliraient
seulement une seule fonction", y además ya dijo anteriormente que para que sea operante, "le message re-
quiert d'abord un contexte auquel il renvoi (c'est ce
qu'on appelle aussi, dans une terminologie quelque
peu ambigüe, le. 'référent'), contexte saisissable par le
destinataire, et qui est, soit verbal, soit susceptible
d'etre verbalisé".[32]

Al analizar un poema como mensaje cuyo referente es
el mito hacemos una operación de translación de un lenguaje poético, en cifra, a un lenguaje común en el acto de
interpretar el mito (poema) dentro del contexto de nuestra experiencia. Es decir, siguiendo a Roland Barthes, tra-
tamos de demostrar que el mito es un lenguaje secundario en el proceso de la comunicación:

---

[31] Jakobson 218.
[32] Jakobson 213-214.

$$\text{Signo}= \dfrac{\text{Significante}}{\text{Significante}} \qquad \text{Mito (Signo)} \quad \dfrac{\text{Signo}= \dfrac{\text{Significante}}{\text{Significado}}}{\text{Significado}}$$

Para Barthes en el mito actúan dos sistemas semiológicos, "dont l'un est déboîte par rapport a l'autre: un système linguistique, la langue (ou les modes de représentation qui lui sont assimilés", que el semiólogo francés llama lenguaje-objeto, ya que el mito necesita éste para construir su propio sistema; "et le mythe lui-mêm e, qui j'appellera *méta/langage*, parce qu'il est une seconde langue, *dans laquelle* on parte la première".[33] El mito en sí ya es un signo, el segundo significado es el uso particular (lenguaje sincrónico) que el que lo usa quiera darle. El lenguaje poético ya constituido es igual al mito en este sentido.

$$\text{rosa (Signo)}= \dfrac{\text{Significante}}{\text{Significante}} \qquad \text{rosa}= \dfrac{\dfrac{\text{Significante}}{\text{pasión, amor, belleza, etc.}}}{\substack{\text{uso particular que el}\\ \text{poeta del símbolo,}\\ \text{"rosa", el mítico siendo}\\ \text{uno más de ellos}}}$$

El árbol, la rosa, la nube, la tierra poéticas, al ser usadas por el poeta incorporan sus significados tradicionales pero son a la vez parte de un significante donde se inscribe su intención particular.

---

[33] Barthes 200.

La importancia del lenguaje en el psicoanálisis —y el mito hemos visto es una forma de lenguaje secundario (otro lenguaje) — ya es considerada por Freud en la obra citada, *The Interpretation of Dreams*. Profetiza en el prefacio a la tercera edición que las siguientes ediciones, lo mismo que sus variantes y aquéllas que la siguieran, tendrían que tener en cuenta "the copious material presented in imaginative writing, in myths, in linguistic usage and in folkore".[34] Hace esta afirmación porque él mismo basa muchos de sus postulados en la interpretación de mitos y símbolos que observa en los sueños de sus pacientes. Para Freud, en el inconsciente se inscribe el sueño y también se inscribe el mito. El sueño es la realización de un deseo, ya sea éste consciente o inconsciente. Los mitos son la representación de los deseos inconscientes.[35] Símbolos y mitos para Freud reflejan los conflictos personales de un individuo. Son formas que los deseos toman al reprimirse a nivel de la conciencia, puesto que el proceso socio-cultural a que cada individuo se somete rechaza las fuerzas primarias (los instintos) inherentes al nacer. Como la literatura también es reflejo de las ansiedades, deseos y aconteceres humanos, ambos, literatura y psicoanálisis, encuentran un punto de apoyo en el mito. De hecho la literatura le sirve a Freud para sostener su tesis. De aquí que Jung para entender mejor el inconsciente haga un estudio de las leyendas, símbolos, y mitos de culturas occidentales, orientales y arcaicas. Sin estas lecturas la obra de Jung y sus seguidores no habría sido posible. Por tanto la profecía que hacía Freud en la tercera edición de su obra

---

[34] Sigmund Freud, *The Interpretation of Dreams*, trans. James Strachey (New York: Avon Books, 1965) xxviii.
[35] Freud, *Interpretation*, cap. lll.

seminal incluye la obra de Jung (mito y folklore) y la de Lacan (uso lingüístico), ambos seguidores del psicólogo austriaco.

Freud percibe el mito de Edipo como el conflicto entre padre, madre e hijo.[36] Este conflicto que a nivel consciente se reprime, se deriva de la lucha que el niño emprende para preservar su unión con la madre cuando el padre aparece como oponente de su mismo sexo.[37] En este mito, visto como la realización de un deseo, Edipo elimina a su padre y se casa con su madre, desapareciendo a primera vista el obstáculo. No es extraño, según Freud, soñar la cohabitación con el progenitor del sexo opuesto y que esto produzca horror, una situación que la fábula de Edipo viene a ilustrar. Freud sostiene que este conflicto primordial, al ocurrir bien temprano en la vida psíquica del individuo, es responsable —si no se resuelve de manera ideal— de todos los conflictos que el sujeto va a experimentar. Cuando existe un conflicto, en el sueño aparecen símbolos cuyo contenido es de índole sexual. Símbolos fálicos y símbolos uterinos representan al hombre o a la mujer respectivamente, y Freud les atribuye una función determinada en la resolución de un problema particular. Dice que todo individuo para poder sobrellevar la conflagración de sus deseos cuenta con el *ego*, el *id* y el *superego*. El id lo constituyen los impulsos primarios, como el del deseo; el superego se encarga de reprimir estos impulsos que serían detrimentes para el bienestar psíquico consciente. De la interacción de ambos surge el ego, o la conciencia, que se pasa la vida

---

[36] Por no referirse también a la hija en su exégesis del mito, la crítica feminista encuentra que el análisis freudiano no es del todo universal.

[37] Freud, *Interpretation*, 294-298.

combinando los otros dos en un malabarismo que impi-
de a estas dos fuerzas arruinar su equilibrio psíquico.[38]
La formación del ser como conflicto entre la interacción
de realidad (procesos del superego) y deseo (procesos
del id) es un tema fundamental en la obra de Cernuda y
nos ocuparemos de ello al analizar la poesía del autor,
siempre que el mito ilustre este aspecto.

El caso de Jung es distinto. En vez de centrar el simbolismo del sueño en el incesto, piensa que la mente es
capaz de producir por sí misma unas imágenes que han
ido evolucionando al mismo tiempo que la mente humana, y que tienen un poder informador. Jung distingue
entre el *inconsciente individual* y el *inconsciente colectivo*. El
primero está formado por contenidos psíquicos primarios que se manifiestan con gran fuerza, pero que la sociedad reprime al sancionarlos, y no obstante perduran
en algún recodo de la mente, haciéndose presentes
cuando hay una situación externa que los evoca. Estos se
inscriben en una entidad mayor, el inconsciente colectivo, formado por contenidos universales, el cual, en contraste con la psique individual, posee "contents and modes of behavior that are more or less everywhere and in
all individuals. It is, in other words, identical in all men
and thus constitutes a common psychic substrate of a
suprapersonal nature which is present in every one of
us" (Jung 9: 3-4). Conocemos la existencia del inconsciente solamente por su capacidad de hacerse consciente.
"The contents of the personal unconscious are chiefly the
feeling-toned-complexes, as they are called; they constitute

---

[38] Para una definición más detallada de estos "agentes" de la en-
tidad psíquica, su historia y sus funciones, ver J. Laplanche y J. B.
Pontalis, *The Language of Psychoanalysis*, trans. Donald-Nicholson
Smith (New York: W. W. Norton & Co., Inc., 1974).

the personal and private side of psychic life. The contents of the collective unconscious, on the other hand, are known as *archetypes*" (9: 4). Estos arquetipos pueden hacerse conscientes no sólo durante el sueño sino en mitos y leyendas donde aparecen, no en la forma "pura" en que aparecerian en el inconsciente, sino transformados por la conciencia. "The archetype is essentially an unconscious content that is altered by becoming conscious and by being perceived, and it takes its colour from the individual consciousness in which it happens to appear" (9: 5). Por ejemplo, los arquetipos *anima* y *animus* pueden verse en mitos que muestran el influjo de la figura femenina, como la madre, la madrastra o la bruja (*anima*), o la figura masculina, el padre, el usurpador, el héroe (*animus*), ya que estos conceptos corresponden a la imagen primordial de lo femenino (*anima*) y lo masculino (*animus*). La filosofia clásica china denomina estos conceptos *yin* (femenino) y *yang* (masculino). La pareja divina (Isis/Osiris, Zeus/Hera, Adán/Eva, Sol/Luna) que Jung denomina *syzygy* es una proyección de la aparición espontánea de estos dos principios en el inconsciente.[39] Ambos se observan en la obra poética de Cernuda en la alusión a objetos naturales de clara naturaleza femenina, como la rosa, la perla o la tierra, y entes de naturaleza masculina, como los árboles.

De modo que símbolos y arquetipos del inconsciente tienen una manifestación común en la literatura y en el arte en general, primero de culturas primitivas, elabo-

---

[39] Proyecciones son procesos inconscientes y automáticos por los cuales un contenido que es inconsciente para un sujeto se translada a un objeto, y que así parece pertenecer al objeto. La proyección se termina cuando se hace consciente o perteneciente al sujeto y no al objeto (Jung, *Collected Works* 9: 60).

rándose cada vez más y constituyéndose, a través de diferentes estéticas, en un modo de lenguaje particular que perdura hasta nuestros días, permeándose en el estilo del poeta. A este respecto las siguientes palabras de Northop Frye pueden elucidar mejor el significado de un sistema simbólico basado en el mito y utilizado por los poetas:

> Just as the words of a language are a set of verbal conventions, so the imagery of poetry is a set of symbolic conventions... [it] differs from a symbolic system, such as a religion or a metaphysic, in being concerned, no with a content, buy with a mode of apprehension. Religions, philosophies, and other symbolic systems are as a rule presented as doctrines; poetic symbolism is a language. Sometimes a symbolic system, such as classical mythology, may lose its doctrinal content and so become purely linguistic, but this does not affect the distintion. So while poetry can be made of any account of spiritual reality because it is itself the language of spiritual reality, it does not follow that poetry represents something truer, because broader, than religion or philosophy.[40]

Lo que se intenta explicar con esta cita es que el sistema de símbolos utilizado por las escuelas psicoanalíticas de Freud y Jung, tiene también un contenido determinado (doctrinario en su propósito) que no aplicaremos a la obra de Cernuda, porque la poesía, como dice Frye, es mucho más amplia en su conceptualización del mito

---

[40] Northop Frye, "Yeats and the Language of Symbolism, ", *Studies in Poetic Mythology* (New York: Harcourt, Brace, and World, Inc., 1963) 218.

como símbolo de una realidad espiritual. Sin embargo, sí conviene comentar acerca de la función que un símbolo fálico como el árbol (*animus*) o un arquetipo como la luna (*anima*), cumplen en la poesía del autor andaluz.

Joseph Campbell indica en *The Masks of God* que en literatura (pone por ejemplo las composiciones trovadorescas) nunca se repudia la encantación que trae la entrega a los sentidos. Como muestra "El magnolio", el deseo es capaz de captar las cosas en su momento más álgido. Según Campbell, la naturaleza "in its noblest moment... is an end and glory in itself; and the senses, ennobled and refined by courtesy and art, temperance, loyalty and courage, are the guides to this realization".[41] La literatura trovadoresca se presenta como un ejemplo de lo que es expresar el amor como mito, puesto que en el amor cortés nunca ha de llegarse a la consumación de éste. Esta percepción del deseo/amor forma parte esencial de la cosmovisión del autor de *La realidad y el deseo*:

> Mi vano afán persigue
> Un algo entre los bosques
> Un no sé qué, una sombra,
> Cuerpo de mi deseo,
> Arbórea dicha acaso
> Junto a un río tranquilo
> (*PC* 178)

Al llegar a este punto, al comprobar que la literatura es una consecuencia del deseo y que se dispone de la naturaleza para el juego de la representación o la creación de otro universo distinto del que se experimenta cotidia-

---

[41] Joseph Campbell, *The Masks of God: Creative Mythology* (New York: The Viking Press, 1968)175-176.

namente, vale la pena comentar, aunque desde luego
someramente, la idea del mito de Narciso que Jacques
Lacan interpreta para conceptualizar el deseo. Según Lacan el lenguaje, como el deseo, se constituye por la falta
de algo, y en el inconsciente se inscriben las imágenes de
aquello que ha sido reprimido, es decir, imágenes provo-
cadas por la negación del objeto del deseo. La negación
del deseo en el sistema de Lacan ocurre bien temprano
en la formación del sujeto, durante *"le stade du miroir"*,
un momento privilegiado en el cual el sujeto se contempla a sí mismo en el espejo percibiendo una totalidad
cuando por el contrario todavía depende para sus necesidades motrices y dietéticas de otro ser humano. Es esta
una situación ideal, en tanto que "ne s'objective dans la
dialectique de l'identification a l'autre et que la langue
ne lui restitue dans l'universel sa fonction de sujet"
(Lacan 1: 90). Cernuda también percibe la frustración
espiritual que más tarde conlleva este estado especular o
narcisista en el cual el sujeto cree ser otro:

> Veía al inclinarme sobre la verdad
> Un cuerpo que no era el cuerpo mío.
>
> Subiendo hasta mí mismo
> Aquí vive desde entonces,
> Mientras aguardo que tu propia presencia
> Haga inútil este triste trabajo
> De ser yo solo el amor y su imagen.
> (*LPP. PC* 144)

Es un trabajo inútil porque, según Lacan, este momento constituye el *"je-idéal"* que es tan sólo una ficción,
por lo tanto el ser se ve a sí mismo como alienado, como
indica Cernuda en este poema. A partir de este momento
la realidad parece darse como resultado de identificacio-

nes entre objetos y personas por igual. Anthony Wilder, como comentarista de Lacan, indica que:

> The central concept is clear: this primordial experience is symptomatic of what makes the moi an imaginary construct. The ego is an Idealich, another self, and the *stade du miroir* is the source of all later identifications... Lacan's moi corresponds to the internalization of the other through identification; we are conscious of this self, but unconscious of its origins.[42]

La imagen en el espejo no soy yo sino otro, a quien percibo por la relación que tiene conmigo (persona) pero no por ser yo. Al adquirir el lenguaje, es decir al aprender a sustituir un símbolo ("yo") por la cosa "real" (imagen en el espejo), el ser es, a nivel lingüístico, un "*shifter*", el significante "yo" que no puede nunca unirse en su totalidad con la persona a la que sustituye.[43] Por esta razón Lacan usa tres funciones denominadas lo *imaginario*, lo *simbólico* y lo *real* para definir su sistema de relaciones entre el individuo y el proceso cultural a que se somete, entendiendo que el lenguaje inscribe al individuo en el proceso cultural. El orden de lo imaginario es un resultado de la primera identificación (*le stade du miroir*) en el cual la figura humana aparece como objeto, y es responsable de sucesivas identificaciones con personas u objetos en un sentido ficticio (ilusorio). Cuando el sujeto aprende a dar un nombre (yo) a la imagen del espejo entra en el orden simbólico, el cual le introduce en la cultura. Una vez aprendido este sistema, lo *real* co-

---

[42] Lacan, *Speech and Language in Psychoanalysis*, trans. & comp. Anthony Wilden (Baltimore: The Johns Hopkins U. P., 1981) 160.

[43] Lacan, *Speech and Language*, 161.

rresponde a todo aquello sustituido por el símbolo (el lenguaje). En el juego entre lo simbólico y lo real se inscribe el deseo. El deseo se define así como la ansiedad que se produce al querer poseer el objeto o persona que se desea; y la imposibilidad de alcanzar tal posesión en su totalidad, al igual que el lenguaje, nos da un símbolo en sustitución por el objeto o el concepto que nombra. El sujeto se va constituyendo como tal por el orden simbólico, de manera que el lenguaje es un constituyente, en vez de ser el individuo quien lo constituye, ya que al nacer éste acepta un código lingüístico ya establecido, que incluso va a darle su propio nombre (Lacan 1: 67-75, 89-97).

En resumen, donde Freud utilizaba el mito de Edipo, Lacan usa el de Narciso para ilustrar el mismo conflicto: la adquisición de una entidad consciente en el ámbito de las relaciones interpersonales e intelectuales; en la cosmovisión de Cernuda diríamos la relación entre deseo y realidad.

El objetivo poético de Cernuda es el de comunicar una experiencia desusada, más allá de la experiencia meramente física, aunque esta última sirva como único punto de apoyo a la imagen. La dialéctica entre sujeto y mundo que resulta en la creación de un mito, nosotros la acreditamos a la energía libidinal o deseo en la obra de Cernuda. El poeta ve el deseo como una fuerza dominante a la cual se supeditan todas las reglas morales, sociales o culturales. También se observa el deseo como la fuerza que empuja al poeta a escribir, a crear un mundo alejado del real, donde puedan comunicarse los resultados del deseo, su efecto tanto siniestro como mágico. La crítica, sin embargo, se ha concentrado más en el uso de la obra cernudiana para ilustrar en muchos casos la lucha entre realidad y deseo como la lucha personal del hombre homosexual que era Cernuda contra la realidad adversa con la cual se encara una persona de tal identidad. Claramente esta es una visión muy limitada, puesto que cualquier individuo tiene que luchar con unas fuerzas externas a su deseo (líbido), como la escuela psicoanalítica ha demostrado ampliamente: tanto el ser homosexual como el ser heterosexual son víctimas de su deseo. Nosotros creemos que no hay tal lucha, sino tensión entre el mundo evocado por el lenguaje común (realidad) y el mundo evocado en la experiencia de índole espiritual, anímica, que el autor desea comunicar. Otro grupo en el que se incluye Philip Silver, uno de los críticos ya clásicos de Cernuda, se dedica a ilustrar la obra con la vida y en *"Et in Arcadia Ego": A Study of the Poetry of Luis Cernuda*, destina amplias páginas a la discusión de mitos recurrentes en la obra del autor. Cita por ejemplo los de Narciso, Venus, Eros, el Edén y la Arcadia, pero se mantiene siempre dentro del plano de los sentimientos personales del poeta en su relación con el mundo. Incluso aplica el propio mito del Edén a la biografía del autor, llamando "Eden and After" a la infancia y la adolescencia de Cernuda.[44] Cualquiera que estudie a fondo la biografía de Cernuda se da cuenta de que la infancia del poeta no fue de ninguna manera edénica, con un padre estricto e insensible a las necesidades del joven poeta. Silver, aunque logra un gran estudio, no sale de la correspondencia entre vida y obra. Mucha de la crítica cernudiana se dedica casi exclusivamente a establecer un puente entre ambas, usando la prosa autobiográfica del autor sevillano como fuente de información, lo que ha hecho a Richard Curry denominar este procedimiento

---

[44] Ver Philip Silver, "Et in Arcadia Ego", *A Study of the Poetry of Luis Cernuda* (London: Tamesis Books, 1965).

"metacrítica".[45] En *En torno a la poesía de Luis Cernuda*, Curry da un amplio detalle de las obras (monografías, artículos y tesis doctorales) que practican esta forma de análisis.[46] Como Curry, aquí se trata de abandonar esta práctica que no hace mérito al lenguaje poético de Cernuda, ni al poeta, quien pasó grandes trabajos para corregir sus versos con objeto de alcanzar la perfección poética. Su intención al escribir poesía no era dar la crónica de su vida, como algunos críticos, incluyendo a Octavio Paz, califican a *LRD*.[47]

Se espera aquí ver cómo un individuo determinado (poeta en este caso) mitifica aquel trozo de realidad que para él/ella tiene un valor sagrado puesto que está impregnado del deseo o fuerza afectiva (líbido), que lo aísla del resto de la realidad para convertirlo en entidad única. Este trozo de realidad deja así de ser tal y se convierte en un símbolo que puede ser imagen sensible de una realidad profunda o única; puede sugerir además otros conceptos o valores distintos de los que pudiera tener tradicionalmente como mito. En palabras de Northop Frye, este aspecto simbólico de la literatura, después del *Simbolismo* y patrocinado por este movimiento, hace que el lenguaje tenga como referente el mismo lenguaje, moviéndose en relación centrípeta, en vez de centrífuga, es decir, el lenguaje se refleja a sí mismo en vez de reflejar la realidad externa.[48] Esta fuerza afectiva que en la poesía

---

[45] "Historial de un libro", "Palabras antes de una lectura" y "El crítico, el amigo y el poeta" son las piezas donde, además de hacer crítica, Cernuda incluye datos biográficos.

[46] Richard Curry, *En torno a la poesía de Luis Cernuda* (Madrid: Pliegos, 1980).

[47] Octavio Paz, "La palabra edificante", *Cuadrivio* (México: J. Mortiz, 1969) 170.

[48] Frye, *Anatomy*, 79-81.

de Cernuda se denomina "deseo", es inexplicable por sí misma, únicamente definible por medio de una referencia o comparación con otra realidad superior que llamaremos mítica. Cernuda, al privilegiar la experiencia que quiere comunicar (el deseo) y cargarla emotivamente, la coloca en el terreno del mito unas veces, mientras que otras usa mitos o alusiones a un mito conocido como referente del deseo. Como el medio que el poeta tiene a su alcance para representar la fuerza del deseo es el lenguaje, el mito, siendo una segunda forma de lenguaje, le sirve perfectamente por dos razones. Primero, porque ilustra la multiplicación del deseo a través del lenguaje, no teniendo nunca un referente único sino varias posibilidades. Segundo, porque el mito se aleja de la realidad habitual. Es ta experiencia se le ofrece al lector por identificación con ella, o por rechazo de la misma. En la obra de Cernuda mito y deseo se intercambian o se llaman el uno al otro, debido a la intercesión del lenguaje que evoca el deseo, que llama así a otro lenguaje, convirtiéndose en una segunda evocación, desmereciendo la realidad que queda sumergida en el mismo lenguaje. Un análisis metodológico de la obra de Cernuda tendrá en cuenta lo siguiente:

I)   Aplicar la clasificación de Cencillo cuando los mitos citados aparezcan en la imagen poética del autor, ya que, como los mitos son ante todo "sentido", según Cencillo, incitan a la meditación y Cernuda es bien conocido como poeta meditativo, gracias al trabajo de James Valender que estudia *Ocnos* dentro de la tradición de la poesía meditativa.[49]

---

[49] James Valender, *Cernuda y el poema en prosa* (London: Tamesis Books, 1984).

II) Basándonos en Lévi-Strauss clasificamos el mito
como lenguaje sincrónico y diacrónico, por lo cual,
cuando Cernuda alude a un mito, éste guarda su
sentido original del mismo modo que también
exhibe un significado válido para el momento en
que se escribe el poema. Mantiene lo universal en
lo particular.

III) De acuerdo con Barthes el mito es un lenguaje de
segundo orden, ya constituido por unidades del
lenguaje común (lenguaje-objeto), y como tal pasa de un estado fósil a cobrar actualidad, ya que
la historia misma marca la muerte o la vida del
mito. Cernuda actualiza los mitos helénicos, el
mito cristiano, las leyendas españolas, o las leyendas folklóricas cuando salen a la superficie de
su poesía.

IV) Cassirer piensa que el lenguaje es en sí simbólico
y por tanto tiene una fuerza capaz de mitificar la
experiencia de un individuo, una vez investida
con un grado de religiosidad. Incluso, para Cassirer, en el lenguaje del arte, al ser diferente del
lenguaje común, cada palabra es potencialmente
un símbolo capaz de evocar un mundo, o un área
de experiencia psíquica; la dialéctica entre mundo externo e interno produce el ser, lo mismo que
el mito. Cernuda, a través de su percepción personal de la realidad convierte algo común en mítico —"El magnolio", por ejemplo—, porque
siempre ve el amor/deseo como irrealizable, elevándolo a la categoría de lo inalcanzable, es decir, elevándolo a la categoría de mito.

V) Los conflictos entre sociedad (realidad) y deseo
(procesos afectivos y del inconsciente), examina-
dos por la escuela psicoanalítica, los vemos en la
obra de Cernuda expresados a veces a través de

arquetipos y símbolos. Algunos de ellos se observan en los seres de naturaleza masculina o femenina.

Esperamos que este método de análisis del mito en la obra poética de Cernuda aportará nueva luz sobre la obra del autor andaluz. Esperamos que alejándonos de la circunstancia personal del autor y concentrándonos mayormente en el lenguaje obtendremos una visión mucho más amplia del quehacer poético de Cernuda. También esperamos que nuestro estudio sirva para comprender el mito bajo la óptica del lenguaje, como una estructura lingüística privilegiada por contener en sí misma varios contextos.

Siguiendo este método, en el segundo capítulo se hará una pequeña génesis del mito en la obra del autor sevillano y se mostrará como éste mitifica su experiencia a través del lenguaje. El mito ya se encuentra inscrito en la tradición poética española. El análisis de *Égloga, Elegía, Oda* nos servirá para ilustrar este punto.

El tercer capítulo se dedicará a observar el mito durante el período surrealista y la colección post-surrealista, *Donde habite el olvido*. Aquí el deseo es sufrimiento de la pérdida. El sufrimiento representado como dolor físico es una imagen del dolor psíquico que produce el objeto del deseo inalcanzable. La imagen surrealista crea nuevos mitos los mismo que trae otros ya conocidos (cristianos o paganos).

El cuarto capítulo se centrará en los poemas en prosa de *Ocnos* y la relación entre mito y tiempo, esa cualidad del mito que permite fijar las cosas como si fueran permanentes en vez de cambiantes. La imagen del deseo aquí es la imagen del mito que quiere participar de la experiencia de lo eterno, de lo que no cambia, y la imposibilidad del ser humano de retenerlo.

Capítulo II

MITO E IMAGEN: GÉNESIS Y APLICACIÓN

En 1927 aparece el primer libro de poemas de Cernuda, *Perfil del aire*, en el cuarto suplemento de *Litoral*. Aunque se sitúa en una fecha clave, la cual marca un hito en la poesía española contemporánea, al contrario que los de sus compañeros de generación que aparecieron más o menos por las mismas fechas, el libro de Cernuda tuvo muy mala recepción.[1] La acusación más señalada que se le hizo fue que imitaba a Guillén, el "maestro", demostrando así su inexperiencia poética.[2] Por las mismas fechas Cernuda componía la "Égloga", la "Elegía" y la "Oda" que junto con "Homenaje" contradicen tal opinión. Pues si *Perfil del aire* deja transpirar el vocablo de

---

[1] *Libro de poemas* de F. García Lorca, *Presagios* de Pedro Salinas, *Marinero en tierra* de Rafael Alberti, *Ámbito* de Vicente Aleixandre, *Cántico* de Jorge Guillén, fueron publicados entre 1921 y 1928.

[2] Luis Cernuda, *Perfil del aire*, ed. Derek Harris (London: Tamesis Books, 1971) 13. No todas las reseñas fueron desfavorables e incluso Jorge Guillén, en carta de 26-V-27, participa a Cernuda su admiración por el libro, se queja de las críticas injustas y defiende la originalidad de Cernuda.

Guillén y el del Creacionismo que impregnaba el lenguaje de todo poeta de los veinte, estos cuatro poemas, per-
fectos en ejecución, continúan todavía hoy desconcer-
tando a los críticos que no han sido capaces de descifrar
el mensaje que contienen. Representan, lo mismo que
sus primeros poemas, el intento de sentar las bases de su
trabajo poético. Por ello el mito, como elemento impor-
tantísimo de la poética de Cernuda, es ya evidente en
esta primera obra. *Perfil del aire* se convirtió, con revisio-
nes, adiciones y exclusiones en *Primeras poesías* al publi-
carse la primera edición de *La realidad y el deseo*. Para
Cernuda, ya desde el principio, en *Perfil del aire* (PP), la
representación y la necesidad que el ser humano tiene de
representarse constituyen un mundo aparte, alienado
del discurrir lineal del tiempo, y el quehacer poético es
una especie de estado mítico donde la realidad se borra:

> En soledad. No se siente
> El mundo, que un muro sella;
> La lámpara abre su huella
> Sobre el diván indolente.
> Acogida está la frente
> Al regazo del hastío.
> ¿Qué ausencia, que desvarío
> A la belleza hizo ajena?
> Tu juventud nula, en pena
> De un blanco papel vacío.
> (PP, PC 60)

El momento en el cual el acto de crear, escribir en un
"blanco papel vacío", está a punto de producirse, visto
como una imperiosa necesidad, se cuestiona: ¿Por qué es
"la belleza... ajena" a nosotros mismos que hemos de re-
presentarla para obtenerla y siempre de manera insufi-
ciente?

Otra preocupación latente en esta primera obra es la inquietud ante la imposibilidad de abarcar la realidad en su totalidad. Cernuda habla continuamente del afán que se siente como consecuencia del existir. El afán define el deseo de poseer las cosas mientras que señala la negación de las mismas cosas que desea, e implica por tanto una falta de satisfacción:

> El afán, entremuros
> Debatiéndose aislado,
> Sin ayer ni mañana
> Yace en un limbo extático
> (*PP, PC* 61)

"El afán", siendo imagen del deseo, señala también la aspiración del hablante de abolir el tiempo, "Sin ayer ni mañana", para lo cual ha de internarse en otro espacio, "un limbo extático", donde puede vivir sus propias fantasías. De esta forma el acto poético no pertenece al ámbito de lo real sino al de lo mítico. Claramente la palabra "limbo" ya coloca el lenguaje de Cernuda en la dimensión mítica, puesto que le es así más fácil dar representación a lo que siente. "Limbo", con sus connotaciones míticas, es un símbolo del deseo, que se muestra "entre muros", apartado de lo mundano, en un plano más elevado. La oposición entre terreno mítico y terreno real se inserta por medio de la elección de un lenguaje de términos negativos que, por contraste, presuponen la afirmación. "Muros" y "yace" pueden significar la soledad benefactora (aislamiento íntimo, sueño) pero también la soledad de la nada, como los "muros" de un mausoleo, o la posición de la muerte, "yacer", por lo cual lo concreto se inscribe en lo negativo. Se une a esto, además, el carácter tradicional de limbo que indica un lugar donde no se experimenta la gracia divina. Es apropiado que Cernuda elija este lugar mítico tradicionalmente ambiguo (ser y no ser; vivir y no vivir), porque "Limbo" es una metáfora del deseo sin propósito, que se constituye en un tópico importante en esta primera época. Una de las primeras exigencias poéticas que se hace el autor es la de poner en tensión (positivo/negativo) el significado de los vocablos que le sirven para dar una imagen concreta de lo que para él representa el deseo.

Aunque esta primera obra de Cernuda está muy mal estudiada, destaca sin embargo el trabajo de Manuel Ballestero, "Poesía y distanciación", que se concentra en *PP* para clasificar a Cernuda como poeta de la modernidad. Gracias a este trabajo se puede observar que tanto *PP* como *EEO* son obras serias dentro del *corpus* poético del autor. En *PP* Cernuda apunta hacia la poesía en el sentido mallarmeano. Es una necesidad, una invitación de la cuartilla de papel blanco, un deseo de llenar el vacío. Ballestero comenta que este acto creativo no es más que el ansia de proyectar su identidad, que en Cernuda es un "yo" separado de la identidad, y sitúa a ambos *"en una autodistancia por la escisión que insinúa la mediación excluyente"*. Su poesía tiene una personalidad distinta de la de otros poetas, como Aleixandre, Alberti y Lorca, precisamente por la distancia entre "yo" e imagen de lo exterior, que hacen a Cernuda parecer "lejano" ante el mundo circundante. Al contrario que los otros poetas, Cernuda crea su poesía a partir de esta "escisión". Por lo cual, "La poesía de Cernuda, enraizada en la figura de lo verdadero, se esboza ya en el principio de la identidad negativa que determina esa latente distancia hacia la obra *en* y *dentro* de su logro, esa consciencia del 'como si' que desde dentro roe toda bella apariencia".[3] La pregun-

---

[3] Manuel Ballestero, "Poesía y distanciación", *Poesía y reflexión: la palabra en el tiempo* (Madrid: Taurus, 1980) 90-91.

ta que se hacía Cernuda, "¿Qué ausencia, qué desva-
río/A la belleza hizo ajena?" es provocada por la distanciación entre ser y belleza, la propia como la circundante, la cual motiva la representación. Del deseo de poseer esa belleza nace el acto creativo.

El mito también es el resultado de fijar lo bello, lo
inalcanzable, lo imaginario o lo real (una vez que el paso
del tiempo lo ha hecho ficticio e irrecuperable). Como se
explicó en el capítulo anterior, siguiendo el esquema de
Barthes, el mito es un tipo de lenguaje ya constituido que
por consiguiente tiene un significado por sí mismo, es
decir un significante y un significado, pero que además
adquiere otro significado en el momento en que se le da
actualidad, ya que, según el autor francés, en un momento determinado se activa un mito ya existente, siendo así el mito lo mismo lenguaje diacrónico que sincrónico. En la obra de Cernuda el mito es un lenguaje que
porta la emoción que el autor quiere comunicar al lector.
El poeta sevillano lo usa como parte de su poética para
construir una imagen determinada, de lo cual nos ocuparemos más tarde.

En "The Poem's Significance", Michael Riffaterre
explica lo que es un poema como texto literario. Un
poema es un texto que transciende lo gramatical. "The
significance of a poem" es "a formal and semantic
unity, which includes all the indices of indirection".[4]
El poema es una continua semiosis desde lo mimético
(rosa = ente vegetal) a un sistema más elevado de relaciones (rosa = amor, pasión, decepción del tiempo,
etc.):

----

[4] Michael Riffaterre, *Semiotics of Poetry* (Bloomington: Indiana U.
P., 1978) 2.

The ungrammaticalities spotted at the mimetic level are eventually integrated into another system,... [a] paradigm... This transfer, of a sign from one level of dicourse to another, this metamorphosis of what was a signifying complex at a lower level of the text into a signifying unit, now a member of a more developed system, at a higher level of the text, this functional shift is the proper domain of semiotics.[5]

"El afán... debatiéndose... en un limbo extático" es en sí una contradicción, puesto que "limbo extático" no concuerda con "el afán" que es movimiento, sino físico, psicológico. Por lo cual, por oposición, los dos términos se relacionan. Al llamar al mito ("limbo"), un miembro de un sistema connotativo más amplio que "afán", eleva éste último a la categoría poética. La realidad ("el afán") se oscurece para dar paso al lenguaje del deseo (figurativo). "The mimesis is only a ghost description", dice Riffaterre, a través de la cual se "transparenta" el valor signitivo del poema.[6] Este valor le es concedido al poema por el lector, quien aplica su competencia tanto lingüística, como filosófica, como social a descifrar el significado del texto poético.[7] Así pues, el mito sale a flote como resultado del trabajo del lector de captar la multiplicidad de valores significativos que expone el poema. El mito es un campo de referencia compartido por escritor y lector. De aquí que sea también un punto de unión que llame, por contraste, por identificación o por afinidad a otros sistemas de referencia existentes en la experiencia de ambos, escritor y lector. El mito puede

---

[5] Riffaterre, *Semiotics* 4.
[6] Rifhterre, *Semiotics* 3
[7] Rifhterre, *Semiotics* 5-6.

servir, dentro del contexto poético, como metáfora y como alegoría.

La metáfora tiene por función traer a un mismo plano: dos realidades que se relacionan por evocar la una algún aspecto cualificativo de la otra. Así la metáfora gongorina "robusta encina", al referirse a un barco evoca el material del cual éste está hecho. También pueden relacionarse ambas realidades por compartir un efecto común, como el sonido agradable que se deriva de la imagen gongorina "aves" son "cítaras de plumas". Asimismo pueden relacionarse por tener un mismo valor, como la frase común, "eres un ángel", demuestra, siendo el valor la bondad. La alegoría es un tipo de metáfora que se desarrolla a lo largo de toda una estrofa, o de todo un poema, "donde términos de un plano real toman sistemáticamente un significado metafórico".[8] En el siglo XX este aspecto "racionalista" de la imagen se rompe, según Bousoño, para dar paso a lo que él llama "la imagen visionaria", ya que entonces el plano real y el evocado no se relacionan física u objetivamente sino que "despiertan" en el lector una reacción emotiva que le hace ponerlos en relación, a pesar de que no tengan punto de unión aparente. Este sentimiento ha de ser universal. Es decir, no solamente limitado a un solo lector sino que el efecto emotivo puede ser sentido o, al menos fácil de ser comprendido, universalmente.[9] Para Bousoño, por lo tanto, es después de una reflexión, partiendo de la emoción, que el lector llegará a comprender las implicaciones de una imagen como:

---

[8] Carlos Bousoño, *La poesía de Vicente Aleixandre* (Madrid: Gredos, 1956) 117.
[9] Bousoño 127.

Qué paz estéril, solitaria, llena
Aquel vivir pasado, en lontananza,
Aunque, trabajo bello, con pujanza
Aun surta esa perenne, humana vena.
("Homenaje", *PC* 65)

que es una evocación de un tiempo pasado y mítico, desprovisto de toda realidad temporal y que se da por contraste al tiempo actual, que no se menciona específicamente, pero que se entiende desprovisto de la "paz estéril" que el anterior tenía, evocando además un lugar edénico, sin trabajo utilitario, sino con "trabajo bello", una metáfora de la contemplación o meditación. Este tiempo remoto y no utilitario llena el presente (momento en que se escribe el poema) "con pujanza", lo cual indica que la evocación de lo mítico (tiempo o lugar) es siempre un escape de lo rutinario, a lo cual puede llegarse por medio de la poesía. Parece que en esta imagen el plano A, o real, está ausente, quedando solamente explícito el plano B, evocado. A esto llama Bousoño "imagen visionaria", y se trata de "una simple atribución de cualidades o de funciones irreales a un objeto".[10]

La alegoría, como ya indicamos siguiendo la clasificación de Cencillo, se equipara al mito, ya que los mitos helénicos, sobre todo en la Edad Media, se convierten en alegorías para dar un carácter cristiano al mito pagano. En el arte pictórico, desde el Renacimiento, el mito de contenido erótico se usaba además para disfrazar las fantasías sexuales de la época.[11] De esta for-

---

[10] Bousoño 135.
[11] Liana Cheney, "Disguised Eroticism and Sexual Fantasy in Sixteenth-and-Seventeenth Century Art", *Eros in the Mind's Eye* (New

ma vemos que es el deseo erótico el que más ampliamente se ha servido del mito clásico para alegorizar, lo
mismo en literatura que en pintura, la necesidad del
sexo.

En la "Oda" de Cernuda se alegoriza la llegada de
la inspiración a la que se da formna en el cuerpo de
un joven dios. Este acto se representa por la posesión
de un cuerpo humano por uno divino. El mito al que
alude Cernuda es el mito clásico de la toma de un
cuerpo joven, bello y gracil por uno de los dioses
olímpicos, el caso de Zeus y Ganimedes o Apolo y Ja-
cinto. Creemos que esta última captación sería la más
propicia por identificarse a Apolo con el dios de la luz
(Febo):

> Desde la luz, el más puro camino,
> Con el fulgor que pisa compitiendo,
> Vivo, bello y divino,
> Un joven dios avanza sonriendo
>   ("Oda", *PC* 75)

Después vemos la transformación del dios en humano
con objeto de capturar su blanco:

> Silencioso, más vívido, con alma,
> Mantiene sucesiva su armonía
> El dios que translucía
> Ahora olvidado yace;
> Eco suyo, renace
> El hombre que ninguna nube cela.
> La hermosura diáfana no vela
> Ya la atracción humana ante el sentido;

York: Greenwood Press, 1986) 23.

Y su forma revela
Un mundo eternamente presentido.

El joven dios se dispone a consumar el acto que ha venido a perpetrar, y que refleja el arrebato espiritual que
produce el momento creativo:

> Cuando la fuerza bella, la destreza
> Despliega en la amorosa empresa ingrata
> El cuerpo; cuando trémulo suspira;
> Cuando en la sangre, oculta fortaleza,
> El amor desbocado se desata,
> El labio con afán ávido aspira
> La gracia que respira
> Una forma indolente;
> Bajo su brazo siente
> Otro cuerpo de lánguida blancura
> Distendido, ofreciendo su ternura,
> Como cisne mortal entre el sombrío
> Verdor de la espesura
> Que ama, canta y sucumbe en desvarío.
>
>   (PC 77)

El cisne presupone una imagen del poeta que lo da
todo, "sucumbe en desvarío", por la embriaguez de consumar el acto de crear la forma bella, que queda plasma-
da en el papel y que es resultado de amor por la forma,
"cuerpo de lánguida blancura". Obsérvese el juego de
Cernuda entre "forma" y "cuerpo", ambos intercambia-
bles; éste aludiendo a la imagen, aquélla al lenguaje. En
palabras de Gustav Siebenmann, los cisnes, ya desde el 98
han dado una exacta corporeidad al sueño y al mito.[12] Lo

---

[12] Gustav Siebenmann, *Los estilos poéticos en España desde 1900*,

que nos da el autor es el deseo lo mismo de la consumación del acto, que por producirse en el terreno del mito no
es real, que de la realización de la forma, "un mundo eternamente presentido". Por eso este momento de plenitud
no se ve en términos del logro sino del abandono,
"empresa ingrata", "cisne mortal", "sombrío/Verdor",
"sucumbe en desvarío", porque el deseo no puede nunca
satisfacerse en su totalidad, lo mismo que la obra poética
que permanece siempre inacabada. La misma anticipación
conlleva la siguiente décima, dedicada a Narciso, que
ilustra igualmente el arrebato (el deseo) y la sensación de
la nada. El goce aparece en la auto-contemplación
(autoerotismo), la cual en un instante se ve como acto ple-
no, pero, simultáneamente, sólo es posible en el sueño o
espacio del deseo:

> Se goza en sueño encantado
> Tras espacio infranqueable
> Su belleza irreparable
> El Narciso enamorado.
> Ya diamante azogado
> O agua helada, allá desata
> Humanas rosas, dilata
> Tanto inmóvil paroxismo.
> Mas queda sólo en su abismo
> Fugaz memoria de plata.
> (PC 51)

Más allá de la mimesis, los signos apuntan a un momento erótico, como el visto en "Oda". Las palabras
"sueño encantado", "espacio infranqueable", "Narciso
enamorado", además de significar la narración mítica,

---

trad. Ángel San Miguel (Madrid: Gredos, 1973) 78.

revelan el despertar desde una actitud pasiva como la de contemplarse en un espejo ("diamante azogado/O agua helada") a un arrebato, "desata.../dilata", de goce amoroso, para concluir que el instante es volátil, breve, y termina en el vacío, "abismo". Narciso pues alegoriza el deseo que termina en uno mismo, captura la decepción de no encontrar objeto real a las inquietudes vitales.

Para Manuel Ballestero el mito alegoriza además el triunfo de la imagen sobre el sujeto, de forma parecida a como Lacan ilustra *le stade de miroir*. La imagen en el espejo es una indicación de la separación entre "yo" y el símbolo (imagen) que me sustituye (representa), como explicamos en el capítulo anterior. Ballestero ve la imagen reflejada superior a la realidad, lo cual concuerda con la visión de Cernuda, en tanto que la imagen concretiza el deseo que, para él, prima sobre la realidad. Ballestero ve el mito como una alusión a lo unidimensional evasivo:

> Narciso no se busca, porque se ignora; lo que desea, no obstante, como "otro" es lo idéntico, pero sólo en tanto que reflejo y no reconocido. La propia identidad es el objeto, pero el objeto y la identidad carecen de espesor, porque ni son Narciso ni tienen otra sustancia que la de un perfil en el río.[13]

Por lo cual la percepción del mito que Cernuda expone es la mitificación del espacio interior, su manera única de expresar un estado de ánimo que conlleva la autoreferencialidad, que él presenta sin juicio moral, sino sujeta a la indeterminación. De esta manera la imagen carece de realidad y lo que el poeta desea es transmitir esta misma emoción al lector.

---

[13] Ballestero 113.

El mito, sin embargo, se hace más evidente si se ve en relación metonímica con respecto al mensaje del poema. Para Jakobson la metonimia indica una contigüidad entre dos términos. La metonimia desplaza el significado de un término hacia un contexto evocado por ese término.[14] La poesía de Cernuda en vez de aludir directamente a un mito determinado, elementos de un mito evocan su totalidad. Por ejemplo, el mito recurrente del Edén que aparece igualmente como mito cristiano o pagano (Arcadia), es en "Elegía " sintomático de un tiempo feliz. El mito aquí sirve como metáfora del lugar donde se amaron dos amantes. Después de la pérdida del amante, la contemplación de este espacio amoroso hace más abrumador el vacío que queda. Así pues el Edén es una metáfora del lecho y el mito se evoca a través de la metonimia:

> Tibio blancor, jardín fugaz, ardiente,
> Donde el eterno fruto se tendía
> Y el labio alegre, dócil lo mordía
> En un vasto sopor indiferente.

El Edén evocado por "jardín fugaz" y "fruto eterno" se convierte en una imagen del amor perdido o "Edén" perdido, simbolizado por la cama vacía, "Tibio blancor", que todavía guarda el calor del que se ha ido. En la estrofa siguiente el Edén perdido metonímicamente representa la desolación de la pérdida, lo mismo la que sufrieron Adán y Eva que la de aquél que pierde la satisfacción amorosa:

> De aquel sueño orgulloso en su fecundo,
> Espléndido poder, una lejana

---

[14] Jakobson 61.

Forma dormida queda, ausente y vana
Entre la sorda soledad del mundo.
(*PC* 73)

Del "sueño orgulloso" que implica la satisfacción del deseo, al comer el "fruto" prohibido, ya no queda más que una "forma", metonímicamente el cuerpo humano visto como una sombra, un mito, puesto que es "ausente y vana", no tiene consistencia real, es imagen del deseo. Esta estrofa nos coloca ante el mundo real, como debió parecerles al matrimonio original después de su expulsión del Edén, emblemático de la vaciedad que sigue a la plenitud, que en la cosmovisión del poeta puede identificarse con la realidad estática en oposición a la inquietud que brinda el deseo del amor.

La oposición entre reposo e inquietud puestos en tensión se aprecia igualmente en "Égloga". El poema entero, por las imagenes que lo traen, cuyos elementos pertenecen a la historia mítica, puede entenderse como una alegoría del mito arcádico; muestra con la metonimia el mito, cuyo significado es, de nuevo, la amenaza que se cierne sobre cualquier momento idílico:

Se sostiene el presente,
Olvidado en su sueño,
Con un ágil escorzo distendido.
Delicia. Dulcemente,
Sin deseo ni empeño,
El instante indeciso está dormido.
¿Y ese son atrevido
Que desdobla lejano
Alguna flauta impura?
("Egloga", *PC* 68-69)

La presencia de Pan, el dios de Arcadia, que hace sonar su "flauta" para apaciguar los ganados, se siente en la sonoridad del verso que promueve una sensación de ocio y tranquilidad. Pan es aludido por su "flauta" y metafóricamente su función en el poema sería apaciguar el deseo, quedando como deseo ya "Olvidado en su sueño". Pero es también el sátiro erótico y la flauta es aquí un símbolo fálico. Esta es la amenaza: que, no importa cuando, el deseo hace su aparición cambiando el sonido apacible, por el "son atrevido/... [de]/Alguna flauta impura". Es Pan quien alegóricamente se convierte en agente de la voz poética. En "Homenaje" es el gran poeta arquetípico Orfeo. Ambos tienen muchos puntos de unión, siendo el principal el "son". Pan es el sátiro, la parte erótica; Orfeo es el gran clásico, el que guarda el sentido religioso de la poesía. Ambos en la poética de Cernuda son esenciales para mantener un equilibrio estético; la forma (Orfeo) y la lucubración (Pan). La cadena de aliteraciones de estos versos pone énfasis en el tema musical, efectuando la adecuación clásica entre fondo y forma. Nótese en particular la aliteración de las eses, enes y des.

Al usar así el mito, como propone Lévi-Strauss, se le da un sentido diacrónico y sincrónico. Por un lado el mito se evoca como la narración mítica y por otro se pone en función del momento en que se utiliza para ilustrar, en este caso, la visión del poeta andaluz, que dice que el amor en su plenitud no es más que una premonición de su pérdida, por lo cual, junto a imágenes de satisfacción erótica, hay otras que minan el sentido plenario de aquéllas.

El mito como imagen es ya un recurso de la poética de Cernuda que el autor continuará a lo largo de su trabajo. Proviene, entre otras causas, de su admiración por ciertos antecesores clásicos, la cual nace de la identifi-

cación que existe entre el lenguaje de aquéllos que uti-
lizaban el mito frecuentemente y el propio lenguaje del
poeta que también se mueve en esta dirección. Por
ejemplo, "Homenaje", primer poema de *EEO*, fechado
en 1-1-28, se publicó en *Carmen* en un número-
homenaje a Fray Luis de León. La "Égloga", lo mismo
que la "Elegía", ambas fechadas en 1927, fueron com-
puestas a la memoria de Garcilaso. Aquélla apareció en
Carmen, ésta en *Verso y Prosa*. Por último la "Oda", fe-
chada 15-VII-28, no apareció en revista. Estos cuatro
poemas de claros tonos clásicos, así acreditado unáni-
memente por la crítica, formaron la segunda colección
de *LRD*.

Carmelo Gariano discute los aspectos clásicos de la
poética de Cernuda, apuntando al mito como uno de
ellos, lo cual muestra ser una constante a lo largo de la
obra poética del sevillano. Mientras algunos críticos ven
su poesía como de tendencia romántica, otros la ven como de tendencia clasicista. Esta es la posición de Gariano
porque, Cernuda, renovando el quehacer poético, desea
encuadrarlo dentro de una tradición y puede comparar-
se con los mejores poetas clásicos, los cuales le influyen
decisivamente.[15] Piensa que Cernuda tanto en la sensibi-
lidad como en la forma "es clásico y vanguardista al
mismo tiempo", porque vio la coincidencia entre las diferentes artes.[16] La música, como indicábamos en
"Égloga", la pintura, como *"Et in Arcadia Ego"*, la última
línea de "Luna llena en Semana Santa", referencia a un
cuadro de Poussin (*Los pastores de la Arcadia*) y la escultura como en el *David-Apolo* de Miguel Ángel, le sirven al

---

[15] Carmelo Gariano, "Aspectos clásicos de la poesía de Luis Cernuda", *Hispania*, mayo 1965: 234-35.
[16] Gariano 242.

autor para explorar una dimensión nueva del acontecer artístico: la autoreferencialidad del lenguaje, lo mismo que su referencialidad en otras artes que emplean diferentes sistemas signitivos. Estas referencias se entienden por lo tanto como el deseo a que apuntábamos de hacer suya la belleza externa, para lo cual el lenguaje alusivo al mito, al ser un segundo lenguaje con un referente establecido, aunque dispuesto a tomar un nuevo uso dentro de otro nuevo sistema —el poema de Cernuda, por ejemplo—, es un medio de representación más rico. Refiriéndose al mito en la poesía de Cernuda concluye Gariano:

> El clasicismo de Cernuda es un elemento importante de su poesía, verdadero soplo poético que recoge los ecos más arcanos del pasado modulándolos con gracia formal que convence al lector más neófico [sic]. Mitos y creencias, Dios y dioses se igualan e intercambian en su lírica, pues él los contempla con ojos de artista y no con actitud confesional; en ese sentido puede aceptarse la afirmación de que "Cernuda va a suprimir la frontera entre paganismo y cristianismo".[17]

La admiración de los poetas clásicos lo mismo que su imitación a lo moderno estaba en voga entre los poetas jóvenes, compañeros generacionales.[18] Cernuda confiesa su preferencia por Gacilaso, Calderón, San Juan de la Cruz, y aunque él no lo dice, la influencia de Góngora también se observa en *EEO*:

---

[17] Gariano 244.

[18] Dámaso Alonso, Lorca, Alberti, entre otros, escriben trabajos en torno a Góngora por estas fechas. Sin olvidar el quinto centenario de la muerte del cordobés que dio nombre a la generación.

Si la brisa estremece
En una misma onda
El abandono de los tallos finos,
Ágil tropel parece
Tanta rosa en la fronda
De cuerpos fabulosos y divinos;
("Égloga", *PC* 67-68)

Estas líneas aparte de alegorizar la belleza del cuerpo adolescen te y bello en un lugar armonioso (*locus amenus*), contienen muchos de los recursos poéticos barrocos, como el hipérbaton "Ágil tropel parece/Tanta rosa en la fronda", y la imagen clásica de la rosa (flor delicada y perfecta) para representar la belleza en el conocido tema de *carpe diem*, tan popular entre poetas como Góngora (Soneto CLXVI: "Mientras por competir con tu cabello") y Garcilaso (Soneto XXIII: "En tanto que de rosa y azucena"). Por estas mismas fechas escribe a Higinio Capote, su amigo íntimo, que desea hacer la carrera de letras y que lee ávidamente a los clásicos.[19] *EEO* es el resultado de estas lecturas. Los poemas están escritos en los metros renacentistas y algunos de los temas también recuerdan a los mencionados autores, aunque la poética de Cernuda llena la composición de manera que, incluso dentro del marco clásico, las técnicas de "indirección" en vez de mimesis son más reconocibles —legado simbolista. Mallarmé, Juan Ramón o Reverdy influyen más en la construcción moderna de la imagen. Pierre Caminade habla de la imagen moderna en contraste con la metáfora tradicional, diciendo que se aleja de la receta:

---

[19] José María Capote Benot, *El surrealismo en la poesía de Luis Cernuda* (Sevilla: Publicaciones de la U. de Sevilla, 1976) 268.

Le valeur d'une image, sa puissance émotive, dépen-
dent de son origine et de sa formationt selon qu'elle ait
été vue d'abord, ou qu'elle ne puisse etre visible
qu'*après*, selon qu'elle ait été cueillie au ras du sol ou
qutelle soit venue se poser spontanément dwen haut
sur nôtre tête".[20]

El hecho de que Cernuda, en esta primera obra, se
concentre en el momento, eliminando toda narración
(tiempos verbales en pasado) da un carácter espontáneo
a las imágenes, como si de repente aparecieran ante los
ojos del lector. De la misma manera, el mito se evoca en
la imagen de forma súbita, sin narración, y la recreación
de un momento preciso se mitifica porque no es una
imagen de nada concreto, sino que encierra la plenitud y
zozobra del deseo por oposición a la pérdida o la inexis-
tencia del objeto deseado. La imagen así se coloca en el
terreno del mito, que es el dominio de la fantasía y de lo
inalcanzable.

Aunque la imagen poética es de corte innovador, los
poemas de *EEO* tienen una estructura clásica.
"Homenaje" está rimado en coplas de arte mayor, como
el soneto clásico; "Égloga" sigue el esquema de la silva
usada por Garcilaso en las *Églogas*, intercalando versos
de 7 y 11 sílabas, como en la lira o la canción. "Elegía",
también en coplas, y la "Oda" en estrofas de 14 versos,
como la "Égloga" primera de Garcilaso, completan este
marco clásico que recuerda a los poetas del Siglo de Oro.
En el prólogo que dedica a la selección de sonetos de tres
poetas sevillanos, que no son de los más estudiados, Arguijo, Medrano y Rioja, dice Cernuda:

---

[20] Pierre Caminade, *Image et métaphore* (Paris: Bordas, 1970) 13.

Si según el dicho popular *aquí hay un hombre para otro hombre*, cuando alguien reclama su igual en nervio o majeza, también puede decirse *aquí hay un poeta para otro poeta*, porque misteriosas afinidades enlazan a éstos con algunos de sus ilustres antepasados espirituales.[21]

Las "misteriosas afinidades" son el código lingüístico compartido, el legado de la tradición y la utilización de los mismos mitos. Los sonetos de sus homólogos clasicistas, seleccionados por Cernuda, abundan en recursos retóricos donde el mito forma la imagen central para ilustrar una experiencia amorosa (el deseo).

La innovación, sin embargo, es que el mito que aparece como legado tradicional del quehacer poético, en lugar de estar expresado alegóricamente, como en el siguiente soneto de Juan de Arguijo:

Dioses, si entre vosotros hizo alguno
de un desamor ingrato amarga prueba,
vengadme, os ruego, del traidor Teseo.

Tal se queja Ariadna en importuno
lamento al cielo, y entre tanto lleva
el mar su llanto, el viento su deseo.[22]

se ofrece metonímicamente como en "Homenaje". El vuelo del Fénix que representa el paso del cuerpo del poeta en su esplendor hacia otra existencia, se evoca en el momento de renacer "su voz", metonimia del poeta, en un nuevo poeta por virtud del lenguaje que ambos

---

[21] Luis Cernuda, prólogo, Sonetos clásicos sevillanos (Sevilla: El Observatorio Ediciones, 1986) 19-10.

[22] Cernuda, *Sonetos* 19.

comparten. También se alude aquí metonímicamente a Orfeo, el poeta mítico por excelencia, que con "un claro son asciende", a la voz del poeta homenajeado, Fray Luis de León, significativamente un gran amante de la música:

> Por la tiniebla fúnebre. En lo oscuro,
> Todo vibrante, un claro son asciende.
>
> Cálida voz extinta, sin la pluma
> Que opacamente blanca la vestía,
> Ráfagas de su antigua melodía
> Levanta arrebatada entre la bruma
> ...
> El tiempo duramente acumulando
> Olvido hacia el cantor, no lo aniquila;
> Siempre joven su voz, late y oscila.
> Al mundo de los hombres va cantando.

Siguiendo la metáfora latente del vuelo del Fénix, se ve que la voz renace, "joven", y que se perpetúa como el ave que surge de las cenizas, evocadas por la "tiniebla fúnebre", que también trae a Orfeo volviendo del reino de Erebo. "En lo oscuro/Todo vibrante, un claro son asciende" es una metáfora, que diríamos mítica, y que ilustra el paso de la vida mortal a la vida eterna, alegórico en este caso, del paso del lenguaje del poeta a una vida permanente en generaciones sucesivas, tema que vuelve a recogerse en la última estrofa citada, y además, recurrente en la poesía clásica española. Nos encontramos dentro del tiempo circular que, según Eliade, es el tiempo mítico; un momento que puede recuperarse *at infinitum*.[23] Lo interesante es la sugerencia de que es por

---

[23] Eliade, *Myth and Reality* 18.

virtud de la poesía, aludida metonímicamente por la voz
del poeta, por medio de la cual el tiempo pasado, momento ya mítico, es recuperable:

> Que paz estéril, solitaria, llena
> Aquel vivir pasado, en lontananza.
> Aunque trabajo bello, con pujanza
> Aun surta esa perenne, humana vena.
>
> Toda nítida aquí, vivaz perdura
> En un son que es ahora transparente.
> Pero, un eco, tan sólo; ya no siente
> Quien le infundió tan lúcida hermosura.
>
> (*PC* 65)

La nostalgia de la última estrofa se centra en la evocación del cuerpo bello, que da sentido erótico al poema. El "eco", metonímicamente, trae toda la obra del
poeta antiguo, o del poeta mítico, Orfeo, pero el cuerpo, la fuerza que para Cernuda se concretiza, por
ejemplo, en la estatua del *David-Apolo*, no puede recuperarse, quedando la estatua, quedando el mito, o la
historia de Orfeo, arquetipo del "cantor". Así el mito es
también "residuo", de un tiempo desaparecido, como
las obras de Fray Luis —o cualquier otro poeta— son
una imagen metonímica de una totalidad ya inexistente.

Para Ballestero el clasicismo como lo emplea Cernuda, "es testimonio de destrucción de lo clásico, *la lúcida
conciencia de lo moderno*". Al contrario que sus contemporáneos que buscaban resucitar a los poetas clásicos,
"Cernuda *imita lo que sabe abolido*; lo imita en el momento
en que se *enuncia su abolición*". Por ello no es simplemente una imitación de formas clásicas, sino que, de nuevo,
éstas le sirven como punto desde el cual alejarse:

Cernuda ya percibe el curso descendente, *el de la decadencia*; en esa oscuridad pueden brillar antiguas luminarias, pero en tanto que ajenas e inalcanzables. Por eso su luz sirve para alumbrar un solar de escombros, y esas mismas luces son formas sin sustancia.[24]

Por esta razón el referente no es la realidad sino lo que ya es mito. Y Ballestero también comprende que la exploración que hace Cernuda dentro de las formas clásicas *"orienta lo real a la nostalgia, a esa palabra rememorante que escruta lo imposible luminoso".*[25]

En resumen, en la primera obra de Cernuda el mito viene de la tradición literaria española, y le sirve como imagen poética, por lo cual aparece como metáfora y alegoría. Además se hace presente por unas palabras claves que por relación metonímica lo traen. Se demuestran así dos puntos importantes en la obra de Cernuda. Primero, que el mito se transporta en un lenguaje particular, privilegiado, en el sentido de que conlleva un contenido en sí, pero que puede ser actualizado para significar algo distinto, como la decepción del amor o el quehacer artístico. Segundo, que las connotaciones del lenguaje poético pueden, por la capacidad de la imagen (metáfora, alegoría, metonimia), traer a primer plano el mito, o situar dentro del mito una experiencia que puede ser real o imaginada. Queremos volver nuestra atención ahora al mito como símbolo.

Mucho se ha debatido el término "símbolo" durante el siglo XX con referencia no sólo a la literatura sino a otras disciplinas como semiótica, lingüística o psicoanálisis, por lo cual conviene indicar que en la poesía de

---

[24] Ballestero 120.
[25] Ballestero 120-121.

Cernuda se verá el símbolo en el sentido moderno desde el punto de vista de la imagen poética como lo ve Carlos Bousoño. "El plano real sobre el que se halla el símbolo montado no es nunca un objeto material, sino un objeto de *índole espiritual*".[26]

La cuestión del símbolo y el mito o el mito como símbolo es compleja simplemente porque el mito, al ser imagen (metáfora, metonimia, alegoría), es además símbolo que puede aplicarse a todos los mitos clásicos. Por ejemplo, el mito de Prometeo puede simbolizar la angustia vital que sufre el ser humano al saberse ínfimo en cuanto al cosmos, y el deseo de rebelarse ante tal situación. Como hemos visto este significado no es más que *uno* entre los tradicionales de este mito. No hay sin embargo acuerdo entre escritor (que, en el caso de los mitos, ni siquiera sabemos con certeza quién es) y lector de que ésta sea la única realidad espiritual simbolizada en el mito. El hecho de que el mito de Prometeo no sea una realidad en sí sino una elaboración de la imaginación de una realidad espiritual, coloca el mito como símbolo en el terreno de la ambigüedad, o mejor dicho, de la dificultad que representa definir el mito. Para Bousoño los límites del símbolo son borrosos, "no determinables con absoluta nitidez... Sólo determinables de un modo genérico, no de un modo específico; el lector sabe el género al que esa realidad corresponde, pero desconoce a la especie a que pertenece".[27]

Creemos que por esta razón se pueden demostrar en la obra de Cernuda la existencia de seres míticos, "objetos" de la realidad, que podrían definirse dentro de lo que Bousoño llama *la visión*. La visión es la atribución

---

[26] Bousoño 118.
[27] Bousoño 118-119.

de cualidades animadas a seres inanimados, dándoles una realidad humana que no poseen, haciéndoles además actuar de manera que unan al hombre con su universo.[28] También los mitos antiguos tenían este propósito de poner al ser humano en contacto con el espacio sideral mediante la explicación de realidades que se le ofrecían como enigmáticas. Los "seres poéticos", los objetos del mundo natural, elevados por Cernuda a la categoría de "visión", por sus cualidades humanas son de esta forma símbolos míticos, ya que, siguiendo a Cassirer, el autor los ha investido con un aura de índole religiosa, al convertirlos por medio de la energía libidinal en objetos del deseo. Dejan de ser simples signos lingüísticos para dar una experiencia ya mitificada. Como toda experiencia se concretiza con mayor o menor exactitud en el lenguaje, cualquier palabra investida de una importancia superior a la que tendría en un sistema discursivo (mimético) es ya una experiencia mítica, realidad y fantasía, objeto y símbolo a la vez.

Roger Dragonetti explica que Mallarmé, por ejemplo, utiliza el mito de Herodías (*Hérodiade*) —en el mito cristiano, Salomé— como un símbolo que representa la creación de la obra de arte. Para Mallarmé, dice Dragonetti, la figura central del poema, Hérodiade, criatura narcisita, exótica, nerviosa y obsesiva se le impuso como símbolo central de la psicosis a la que se somete un autor que busca escribir un poema, cuando al mismo tiempo utiliza de manera experimental un nuevo lenguaje. El momento de emprender la escritura, coronado con aura de misterio y temor, es similar al desarrollo de una obsesión. En varias cartas a su amigo Cazalis, Mallarmé le participa esta experiencia tanto fascinante como pertur-

---

[28] Bousoño 135.

badora.[29] Mallarmé, según Jean-Paul Sartre, concebía la poesía como un "impératif catégorique", en el sentido kanteano.[30] Cernuda la ve como una predisposición innata de la cual nunca pudo ni quiso deshacerse, aunque a veces le causara gran pena el deseo irremisible de escribir.[31] Dragonetti discute el problema que encuentra Mallarmé en la creación de un nuevo lenguaje cuya manifestación es Hérodiade. Mallarmé lo define con esta frase: "*Peindre, non la chose, mais l'effet qu'elle produit*".[32] En "La Overture ancienne" del poema la nodriza habla asumiendo la voz del poeta y la primera palabra del verso, "Abolie", quiere romper con un lenguaje ya decadente. Su nuevo propósi to, según Dragonetti, es hacer que las palabras se reflejen a sí mismas.[33] El ambiente es totalmente impreciso y sólo queda la impresión de una atmósfera que va a constituir lo más interesante y enigmático de *Hérodiade:*

Abolie, et son aile affreuse dans les larmes
Du bassin, aboli, qui mire les alarmes,
Des ors nus fustigeant l'espace cramoisi,
Une Aurore a, plumage héraldique, choisi
Notre tour cinéraire et sacrificatrice,
Lourde tombe qu'a fuie un bel oiseau, caprice
Solitaire d'aurore au vain plumage noir...[34]

---

[29] Roger Dragonetti, "Métaphysique et poétique dans l'oeuvre de Mallarmé: Hérodiade, Igitur, Le Coup de dés", *Revue de Métaphysique et de Morale* 84 (1979): 366-369.

[30] Jean-Paul Sartre, "Preface", Poésies, par Stephane Mallarmé (Paris: Gallimard, 1945) 5.

[31] Luis Cernuda, "Historial", *Prosa Completa* 904.

[32] Dragonetti 379

[33] Dragonetti 374.

[34] Mallarmé, *Poesies* 45.

"Peindre non la chose, mais l'effet qu'elle produit" es
el postulado simbolista o la definición del símbolo durante este movimiento. Pero en esencia ese es el legado
postromántico que le llega a Cernuda, a través de Mallarmé, de quien era un ávido lector.

Gustavo Correa, quien analiza la influencia de Mallarmé en Cernuda en su primera época poética, apunta
las similaridades y diferencias que existen entre ambos.
Los dos coinciden en mostrar lo que significa la creación
a partir de la existencia de lo negativo.[35] Cernuda también se identifica con la inquietud que para el francés
suponía la página en blanco, la sombra o la nada, "tu juventud nula, en pena de una blanco papel vacío". Si Mallarmé convierte un símbolo tradicional en un símbolo
de la poesía es porque quiere apuntar a un orden de experiencia espiritual o imaginaria de índole subjetiva. El
ámbito del símbolo es tanto la vaguedad como la indeterminación; al símbolo se le adhieren múltiples significados. Es por lo que símbolo y mito no son más que la
cara y cruz de la misma moneda.

Northop Frye comprende que dentro del simbolismo
"The word does not echo the thing but other words, and
hence the immediate impact *symbolisme* makes on the
reader is that of incantation, a harmony of sounds and
the sense of a growing richness of meaning unlimited by
denotation".[36] Puede decirse que la misma experiencia
emana del tríptico "Egloga", "Elegía", "Oda", siendo
este último poema colofón que recoge los temas lanza-
dos en las imágenes de "Homenaje", "obertura" de la
colección. Se dijo que "Homenaje" hacía patente la pre-

---

[35] Gustavo Correa, "Mallarmé y Garcilaso en Cernuda", *Luis Cernuda*, ed. Derek Harns (Madrid: Taurus, 1977): 228-230.
[36] Frye, *Anathomy* 81.

sencia del poeta a través del tiempo, los otros poemas
hacen patente la presencia del poeta en el momento presente. El poeta utiliza una serie de recursos para afirmar
su presencia que se constituyen en símbolos míticos.
Estos no se identifican solamente con un plano de realidad espiritual sino que además dan la clave de una realidad visionaria. La visión de Cernuda con respecto a la
naturaleza se aparta de la definición que Bousoño da de
la imagen visionaria. La visión, según Bousoño, lleva del
hombre al cosmos. Según Cernuda el cosmos lleva al
hombre. Si la realidad de la visión es su irrealidad, la
realidad de la naturaleza muestra en Cernuda la irrealidad del cuerpo que él describe bello y arquetípico. Atribuye a la naturaleza propiedades humanas, creando una
personificación que vislumbra el cuerpo como objeto. La
naturaleza es justamente una dirección que toma el lenguaje, sin la cual el arte, la representación, quedaría en el
vacío. En representación se tiende a imitar lo que vemos.
El cuerpo, al ser parte de la naturaleza, se encuentra en
relación especular, como indica Campbell, que comenta
además sobre su afinidad biológica con el resto del universo. Para Campbell el mito es creado lo mismo por un
individuo que por la masa.[37] En "Égloga" falta la presencia humana. Toda la acción se lleva a cabo por los seres poéticos dados un carácter mítico, es como si el poeta
dejara hacer al lenguaje que escapa a su control, lo cual
se consuma en "Oda" donde se recrea la entrada y salida
del "dios" o la inspiración, si damos este valor a esta figura mítica. "La rama" que "el cielo prometido anhela",
"la rosa" que "asume/Una presencia pura/Irguiéndose
en la rama tan altiva", "la brisa" que "estremece/En una
misma onda/El abandono de los tallos finos", "El agua

---

[37] Campbell, *The Masks of God* 13.

tan serena", que "Gozando de sí misma en su hermosu-
ra/..." yace "... entre las rosas" contribuyen a la creación
de un universo natural autosuficiente. La presencia humana se siente sólo por su ausencia y hasta se percibe
como una amenaza. Es este un "Idílico paraje/De dulzor
tan primero,/Nativamente digno de los dioses", una Arcadia, donde "rosas", "agua", "brisa", "aire", "ramas",
asumen un contenido simbólico no alegórico porque el
plano de correspondencia no es un objeto real.[38] Muchos
críticos de Cernuda dan valores exactos a estos seres
poéticos encontrando correlativos en la vida amorosa del
poeta cuando, por el contrario, puede apreciarse que estas imágenes no tienen a su disposición lo concreto sino
en todo caso lo espiritual. Aquí se elude esta práctica por
considerarse arriesgada y porque además es limitar el
valor de un símbolo cuando éste puede ser ilimitado. El
símbolo tiene un poder de evocación y en la "Égloga" de
Cernuda se aprecia vagamente un cuerpo, hecho mítico
por el énfasis que pone el autor en el deseo, en su naturaleza idílica. La rama que se reviste de rosas evoca el
cuerpo joven, que no es "árbol" todavía, y que se va lle-
nando de llores, es decir, que comienza a florecer bajo el
peso de deseos nuevos e inexplicables:

> Y la rama no esquiva
> La gloria que la viste
> Aunque el peso la enoja;
> Ninguna flor deshoja.
> Sino ligera, lánguida resiste,
> Con airoso desmayo
> Los dones que la brinda el nuevo mayo.
>
> (PC 48)

---

[38] Bousoño 117.

No podemos decir que rosa, aire, luz, cielo y demás
elementos naturales tienen un significado tradicional sino que forman parte de una imagen visionaria y conti-
nuada que constituye el universo mítico creado por el
poeta en contraposición con el de la realidad, "horror
nocturno de las cosas". Para Bousoño la visión significa
la "atribución de cualidades o de funciones irreales a un
objeto", lo cual hemos visto en los versos citados. Distingue Bousoño entre lo sobrenatural de la visión y lo sobrenatural del mito y la religión. La diferencia es que la
poesía "hoy opera sobre puras irrealidades y no sobre
creencias". La visión apela directamente a nuestra sensi-
bilidad dejando de lado la razón. Nos llega primero al
conocimiento emotivo, "y sólo después si investigamos
esa emoción a través de una crítica, podremos detectar la
causa que la provoca". Implica Bousoño que no es absolutamente necesario indagar en la causa de la emoción
para apreciar el poema que puede muy bien entenderse
simplemente por la causa emotiva.[39] Por lo tanto Cernuda comunica una emoción, no una experiencia vivida y
es por lo que la imagen poética llama al mito y no a la
realidad "Peindre, non la chose, mais l'effet qu'elle produit". Desde la composición de estos poemas este ha sido el propósito del autor sevillano que se extiende a toda
su labor poética.

En conclusión, ya desde el principio de la obra cernudiana el mito tiene la función de transportar al lector
hacia la comprensión emotiva de la experiencia del deseo. El uso del mito se restringe en la primera obra a la
creacion de una imagen poética que tiene como proposi-
to alcanzar una desrealización del universo circundante
convirtiéndolo en universo íntimo (*PP*) o universo mítico

---

[39] Bousoño 140-141.

(*EEO*). De ello se desprende que en esta primera obra la imagen tiene una referencia mítica que no es exclusiva sino una más de las posibles referencias a las que apunta la imagen, aunque claramente pueden distinguirse imágenes alegóricas del mito, imágenes que traen el mito por relación metonímica, el mito como metáfora del deseo y la mitificación de la naturaleza para simbolizar una experiencia de tipo espiritual.

En el próximo capítulo analizaremos el mito en la segunda obra de Cernuda, así denominada porque supone una ruptura con esta primera obra al adherirse el autor a la estética surrealista. No obstante, *Donde habite el olvido*, al abandonar parcialmente las técnicas surrealistas, parece entrocar con la vena clásica del autor, aunque el abandono de la rima y los temas clásicos hacen que esta colección inicie la trayectoria más firme, aquélla que le define como poeta meditativo de la realidad a través del deseo. Cernuda es un poeta que no trata de describir, sino de comunicar un estado afectivo propio ante el mundo circundante, cuya impresión desea transmitir al lector.

Capítulo III

EL MITO Y EL DOLOR DEL DESEO EN *UN RÍO DE AMOR,* *LOS PLACERES PROHIBIDOS* Y *DONDE HABITE EL OLVIDO*

I

Agresión y transgresión en **Un río, un amor**
y **Los placeres prohibidos**

En el capítulo anterior al explicar la función del mito como metáfora, alegoría y metonimia observamos la recurrencia del Edén y del tiempo mítico como imágenes del deseo en *EEO.* En contraste, *Un río, un amor* y *Los placeres prohibidos* revelan la pérdida de este Edén. Lo que queda es una visión del mundo donde reina el caos, la crueldad, el sufrimiento. Aparece el imperio del "otro" que en Cernuda es tanto el objeto del deseo como la vaciedad que produce su falta, que es consecuentemente responsable de imágenes llenas de ansiedad, agresividad, dolor y una gran ironía. Este universo no es por lo tanto una imagen fehaciente de una realidad experimentada, sino el mito, la imagen de una realidad percibida emocionalmente. El mito se entiende durante esta segunda obra como imagen del dolor del deseo.

Después de *EEO*, en Toulose, empieza Cernuda la composición de *URUA* en julio y la temina en agosto de 1929, siguiendo, según C. B. Morris, el ejemplo surrealista. Más tarde los poemas de *LPP* fueron compuestos entre el 20 de abril y el 22 de mayo de 1931.[1] El crítico inglés documenta que el surrealismo en España, con el cual identifica a poetas como Alberti, Lorca, Aleixandre, Cernuda, Larrea, Hinojosa y otros, se vio como "a specific movement and not as a loose synonym for fantasy or literary eccentricit/".[2] Para Morris, Cernuda metió entre el homenaje a Garcilaso (*Égloga, Elegía, Oda*) y a Bécquer (*Donde habite el olvido*) los dos libros donde se acerca en temas y técnicas al surrealismo —*Un río, un amor* y *Los placeres prohibidos*.[3] La aparición en estas dos obras de muchos de los motivos queridos por los surrealistas como el jinete sin cabeza, las cuencas vacías, o la mano de yeso cortada, sugieren que Cernuda encontró en el surrealismo "some of his literary myths and protagonists, like the drawned man in "Cuerpo en pena" of *Un río, un amor* whose 'mechanical insomnia' reproduces 'les mouvements machinaux de l'insomnie' mentioned by Eluard in his poem 'L'Armure de proie le parfume noir rayonne' from *L'Amour la poésie*".[4] Morris acredita que

----

[1] C. B. Morris, *Surrealism and Spain* (Cambridge: U. P., 1972) 56.

[2] Demuestra Morris que los artistas españoles tenían amplio conocimiento del surrealismo francés a través de los contactos con Louis Aragon, André Breton, René Crevel, Paul Eludard, etc. en el lado francés y Rafael Alberti, Vicente Aleixandre, Luis Buñuel, Luis Cernuda, Salvador Dalí, Juan José Domenchina, Agustín Espinosa, Josep Viçent Foix, Federico G. Lorca y Juan Larrea en el lado español (Morris 7-8).

[3] Morris 12.

[4] Cernuda tradujo varios poemas de esta obra de Eluard que se publicaron en *Litoral*, junio, 1929 (Morris 203).

"Cernudas's faith that the humbler the 'objects of super-natural experience..., all the more significant they are made by the experience that is objectified in them', explains the recurrence in his poem of many ordinary objects, with which he ensured that in his writings... 'a whole concrete world rises to the category of literary myth'".[5]

En la poesía que escribe en estas fechas (1929-1931) el metro, a veces, la rima, hacen la salida en poemas que, por otro lado, ofrecen imágenes violentas, atrevidas, desconcertantes. En *El surrealismo y cuatro poetas de la Generación del 27* apunta Carlos Marcial de Onís la métrica de poemas como "Remordimiento en traje de noche" que resulta estar escrito en alejandrinos. Pero no se pregunta el crítico sobre el valor de una imagen como "invisible en la calma el hombre gris camina/¿No sentís a los muertos? Mas la tierra está sorda", ni a quién va dirigido ese "vosotros" implícito en el verbo "sentís", que crean un terreno visionario desde donde proyectar el yo poético, en contraposición al "otro", o lo ajeno a la individualidad, pero, al mismo tiempo, determinante de ésta.

La estética que prevalece en la composición de *URUA* y *LPP*, con mayor o menor grado de acuerdo y desacuerdo por parte de los criticos, es la surrealista. De nuevo, hay que indicar que ninguna de estas dos obras está estudiada en profundidad. José María Capote Benot, aunque dedica todo un libro, *El surrealismo en la poesía de Luis Cernuda*, al tema de la adhesión del poeta al movimiento francés, su análisis se centra en la equivalencia entre vida y obra, y en las circunstancias históricas y personales que promovieron al autor a simpatizar con el

---

[5] Morris 55.

surrealismo.[6] Paul Ilie en *The Surrealist Mode in Spanish Literature* niega que la poesía de Cernuda tenga un carácter surrealista,[7] y Marcial de Onís dedica largas páginas a indicar que la adhesión de Cernuda al surrealismo fue simplemente una actitud de rebeldía, pero que sus poemas carecen del irracionalismo, automatismo y visionismo que caracterizaban la obra de los surrealistas, y califica estos dos libros de "surrealismo levísimo".[8] Morris por su parte no afirma que Cernuda fuera totalmente surrealista, pero el movimiento fue en España tan influyente que las visitas de los surrealistas a España y la cálida acogida al movimiento por la *Gaceta de Arte* de Tenerife instigaron un gran fervor por el movimiento francés.[9] Este fervor no apareció repentinamente. Ya otros movimientos europeos de vanguardia como el futurismo que publicó su primer manifiesto en 1909, y cuya alma y motor fue el poeta italiano, Marinetti,[10] el ultraísmo y el creacionismo, capitaneado por Vicente Huidobro, habían encontrado adeptos en la península. Gómez de la Serna, Cansinos Asens y hasta García Lorca habían escrito poemas ultraístas.[11] El creacionismo, por ejemplo, proponía un acercamiento serio al poema, no partiendo de la mimesis sino de la concepción individual que cada

---

[6] José María Capote Bento, *El surrealismo en la poesía de Luis Cernuda* (Sevilla: U. Sevilla, 1976).

[7] Paul Ilie, *The Surrealist Mode in Spanish Literature* (Ann Arbor, Michigan: Michigan U. P., 1968).

[8] Carlos Marcial de Onís, *El surrealismo y cuatro poetas de la Generación del 27* (Madrid: José Purrúa Turanzas, 1974) 209-231.

[9] Morris 1-11.

[10] Guillermo de Torre, *Historia de las literaturas de vanguardia*, 2 vols. (Madrid: Guadarrama, 1971) 1: 83-91.

[11] Ver Anthony Leo Geist, *La poética de la Generación del 27 y las revistas literarias* (Barcelona: Ed. Labor, 1980).

poeta podía ver en la poesía y señalando que el poema podía crearse a sí mismo y crear su propio mundo.[12]

El surrealismo como movimiento literario y filosófico encuentra su definición formal en *Le Premier manifeste surréaliste* que André Bretón publica en 1924, donde se pide una revolución espiritual del mundo occidental, para lo cual aboga por un cambio de lógica. Breton sabía que una revolución de esta índole debía contar con una revolución pareja del lenguaje y por lo tanto en el *Manifeste* de 1924 sienta las bases de lo que él entiende por el quehacer poético, y considera a la poesía la máxima expresión del surrealismo. Comienza rechazando las técnicas cubistas y creacionistas (Reverdy) de representación para dar aire a su propia visión de lo que es la escritura surrealista, a la cual llega después de la meditación sobre la frase "Il y a un homme coupé en deux par la fenêtre" que con insistencia le hacía visualizar tal escena. Define Breton el surrealismo de la siguiente manera:

> Automatisme psychique pur par lequel on se propose d'exprimer, soit verbalment, soit par écrit, soit de toute autre manière, le fonctionnement réel de la pensée. Dictée de la pensée, en l'absence de tout controle exercé par la raison, en dehors de toute préoccupation esthétique ou morale.[13]

Propone de este modo cualquier medio conductivo a mostrar los procesos mentales en toda su extensión, sin la fragmentación que impone la memoria. La base del surrealismo es "la croyance a la réalité supérieure de cer-

---

[12] Ver Vicente Huidobro, "El creacionismo", *Obras poéticas selectas* (Santiago de Chile: Editorial del Pacífico, 1957) 267-282.

[13] André Bretón, *Manifestes du surréalisme* (Paris: Gallimard, 1972) 37.

taines formes d'associations négligées jusqu'à lui, à la toutepuissance du rêve, au jeu désinteressé de la pensée". Dice que se trata de resolver los problemas de la vida de una manera diferente a la usada de acuerdo con la razón únicamente.[14] Mientras duró la fiebre surrealista, Cernuda creó una poesía que, según Octavio Paz, nos da "sus blasfemias más hermosas y sus mejores poemas de amor".[15] Al surrealismo le debe Cernuda "algo más que una lección de estilo, más que una poética o una escuela de asociaciones e imágenes verbales". En el surrealismo Cernuda se entregó con toda su pasión a vivir la poesía, a experimentar "la subversión que abarcaba tanto al lenguaje como a las instituciones.[16]

Dice Octavio Paz que Cernuda es "un poeta europeo en el sentido que no lo son Lorca o Machado...", porque "escogió ser europeo con la misma furia con que otros de sus contemporáneos decidieron ser andaluces, madrileños o catalanes".[17] De aquí radica quizá la adhesión del poeta al movimiento surrealista francés. El espíritu de Cernuda es, a la vez, tradicional e innovador, pero en muchas ocasiones estas características no parecen mezclarse bien y se ven en conflicto, mientras que otras, como en *EEO*, conviven perfectamente. Además de *URUA* y *LPP*, la colección *Donde habite el olvido* puede acreditarse como correspondiente a esta segunda época. Mientras vuelve, en parte, al clasicismo, ya no puede deshacerse del influjo surrealista totalmente y crea una poesía donde la imagen mítica para referirse al deseo elabora un

---

[14] Breton 37-38.
[15] Octavio Paz, "La palabra edificante", *Cuadrivio* (México: J. Mortiz, 1969) 171-172.
[16] Paz 175.
[17] Paz 173-174

universo comprensible solamente por la emoción que transmite y no por su realidad. *URUA* y *LPP* son ejemplos de la innovación estética que abraza Cernuda tras *EEO*, no sólo por su europeísmo, sino porque el momento era propicio: nueva vida al dejar Sevilla tras la muerte de su madre, estancia en Toulouse y París, contacto con el movimiento surrealista, vuelta a Madrid. Por primera vez se encuentra con las tertulias madrileñas, hace amigos en la Residencia de Estudiantes, tiene contactos con poetas consagrados (Juan Ramón Jiménez), adquiere un gusto por la moda dandista.[18]

Cuando aceptamos el mito lo hacemos precisamente porque sobrepasa las barreras de lo racional. El mito literario es un texto particular que usa el lenguaje (lenguaje-objeto) para crear una imagen de aquello que debería ser en vez de lo que en realidad es, una imagen, en fin, del deseo. La imagen es el centro de la poesía surrealista, y cuanto más chocante o atrevida sea puede suscitar un mayor número de asociaciones, que traen otros textos, a veces, con gran sorpresa del lector, por lo cual el objetivo del arte surrealista, dice Mary Ann Caws, es hacer salir lo maravilloso y lo mágico del lenguaje que, según la creencia surrealista, es la función primordial de la poesía.[19] En palabras de Bousoño, la imagen surrealista intensifica el fenómeno visionario (cualificar algo de la realidad con lo irracional) porque cuanto más indague uno en el inconsciente se verá más en términos visionarios que en términos racionales; como son los sueños,

---

[18] En 1929 escribe un ensayo dedicado a Jacques Vaché, considerado el *dandy* del movimiento surrealista, con motivo de su suicidio, publicado en la *Revista de Occidente* 26 (1929): 143.

[19] Mary Ann Caws, *The poetry of Dada & Surrealism* (Princeton: Princeton U. P., 1970) 6.

expresión del inconsciente cuando funciona sin la presión de los procesos razonadores. Bousoño dice que "las representaciones oníricas utilizan no sólo los símbolos sino también las visiones y las imágenes visionarias".[20] De la misma forma las representaciones míticas consisten en visiones distintas, chocantes, o mágicas de una experiencia real. Por ejemplo para representar el dolor del deseo, el mito crea una historia como la de Narciso comprendiendo, trágicamente, la imposibilidad de la consumación del amor. La estética surrealista se inclina del lado del mito creando los suyos propios que presentan un paisaje onírico, desfamiliarizando lo racional, como muestra el siguiente poema de Cernuda, "Remordimiento en traje de noche":

> Un hombre gris avanza por la calle de niebla;
> No lo sospecha nadie. Es un cuerpo vacío;
> Vacío como pampa, como mar, como viento,
> Desiertos tan amargos bajo un cielo implacable.

Para visualizar este "cuerpo vacío", vestido "en traje de noche", hemos de hacer el mismo esfuerzo imaginativo que supondría comprender un sueño o interpretar un mito. Al mismo tiempo la vaciedad se define en lugares difíciles de aprehender totalmente, seguramente porque el autor quiere poner de relieve la infinitud del inconsciente desde donde golpea este "remordimiento":

> Es el tiempo pasado, y sus alas ahora
> Entre la sombra encuentran una pálida fuerza;
> Es el remordimiento, que de noche, dudando;
> En secreto aproxima su sombra descuidada.

---

[20] Bousoño 169-171.

La técnica empleada para la construcción de la imagen surrealista es la repetición, pero, irónicamente, no lleva a lo mismo, lo que vemos es, en realidad, la metamorfosis de las mismas cosas que se nombran, una técnica que permite visualizar el sueño como doble de la imagen. El color "gris" da un aspecto mítico al hombre que se convierte después en "un cuerpo vacío", y luego es "el tiempo pasado", y más tarde "el remordimiento". ¿Con cúal hemos de quedarnos? Con todos y ninguno, lo que el poema surrealista pretende es provocar la asociación libre de términos que se relacionan, con objeto de conseguir algo inesperado, como ocurre en el mito. Todas estas transformaciones del "hombre gris" terminan por usar el mito alegóricamente, como una advertencia, y de esta forma cumple una función moral:

> No estrechéis esa mano. La yedra altivamente
> Ascenderá cubriendo los troncos del invierno.
> Invisible en la calma el hombre gris camina.
> ¿No sentís a los muertos? Mas la tierra está sorda.
>
> (*URUA, PC* 83)

Se nos advierte que la muerte está en aquellos que viven una existencia descolorida; y que si cualquiera de nosotros abraza esa existencia terminará en el otro lado, donde aunque se grite, las voces no se oyen. Por otro lado, la yedra es una de las plantas simbólicas de Dionisio, arquetipo del desenfreno pasional, que en libertad, no tiene que atenerse a ningún remordimiento. La conexión entre ambos versos ha de hacerla el lector, puesto que las líneas se suceden sin ilación copulativa e independientes unas de otras. Esto permite que el poema pueda interpretarse separadamente, por medio del valor que cada imagen representa, o en su totalidad. En conjunto el poema entero crea una sensación de desolación, precipi-

tada por "el remordimiento", para lo cual Cernuda in-
venta el mito del "hombre gris".

En "Quisiera estar sólo en el sur" tampoco el autor
habla directamente, los versos se suceden sin conexión
aparente, como en el poema anterior, en imágenes que
transgreden el orden de la lógica. El sur aparece como
una fabulación mítica:

> Quizá mis lentos ojos no verán más el sur
> De ligeros paisajes dormidos en el aire,
> Con cuerpos a la sombra de ramas como flores
> O huyendo en un galope de caballos furiosos.

El "sur" se contempla como el paraíso de donde el
hablante ha sido expulsado que, tal y como ya se ha dicho, parece ser la diferencia entre *EEO* y *URUA*. Habla
además como el oráculo que, teniendo que abandonar su
tierra, profetiza una verdad inalienable que es nostalgia
de lo deseado. El sur representa todos los lugares que
ocupan una situación sur; es un paisaje ideal, evoca las
aventuras de Ulises viajando por el mar Egeo (sur de Eu-
ropa). También evoca un estado incosciente, donde no se
siente la monotonía de lo cotidiano. "Un galope de caba-
llos furiosos" parece referirse a las pasiones desatadas, el
deseo sin restricciones, que es el lugar del sueño, según
Freud. Al verse aquí "el sur" como objeto del deseo, se
percibe de manera irónica pues su falta se hace más patente con su presencia:

> En el sur tan distante quiero estar confundido,
> La lluvia no es más que una rosa entreabierta
> Su niebla misma ríe, risa blanca en el viento
> Su oscuridad, su luz son bellezas iguales.
>   (*PC* 84)

Las contradicciones e inconsistencias entre lo que esperamos y lo que afirma el poema ("lluvia... rosa entreabier-
ta/... oscuridad... y luz... bellezas iguales") caben únicamente dentro de una visión mítica que pretende poner
énfasis en las fabricaciones del deseo.

En la visión como en el sueño es donde los contrarios
se neutralizan, como muestra la siguiente estrofa de
"Dejadme solo":

> La verdad, la mentira
> Como labios azules,
> Una dice, otra dice;
> Pero nunca pronuncian verdades o mentiras su secreto
> torcido;
> Verdades o mentiras son pájaros que emigran cuando
> los ojos mueren
> (*PC* 108)

Estos conceptos se contemplan en el terreno del mito,
más allá del juicio ético, porque nos presentan con el
enigma "nunca pronuncian verdades o mentiras", ya
que ambas guardan "un secreto torcido". Podríamos
decir que Cernuda transgrede el valor común de
"verdad" y "mentira" para metamorfosearlo con una
imagen concreta que, no obstante, es un secreto y no una
realidad tangible. Ambas "son pájaros que emigran
cuando los ojos mueren", lo cual parece implicar que, en
el terreno del incosciente al que se entra "cuando los ojos
mueren", no tienen un valor moral, lo mismo que no tienen valor dentro del mito que por sí mismo va más allá
de lo verdadero o lo falso. Desrealiza, por decirlo de alguna manera, el valor tradicional de estos conceptos categóricos, haciéndolos menos poderosos, lo que presupone que sus valores absolutos no son tales, pueden ser
cambiados.

Ya vimos que, según Jung, también en el incosciente aparecen de forma simultánea, sin oponerse, los contrarios *anima* y *animus*, que se ven así también en "¿Son todos felices?":

> Ni siquiera esperar ese pájaro con brazos de mujer,
> Con voz de hombre oscurecida deliciosamente,
> (*PC* 112)

que nombra lo femenino y lo masculino en armonía, sin estar culturalmente dividido. Pero lo nombra por la falta, "ni siquiera"; lo que se apunta, de hecho, es la falta de libertad primordial de producirse al unísono, que es otra forma de la falta de libertad individual, a consecuencia del sometimiento al deseo, más patente quizá en la siguiente estrofa de "Si el hombre pudiera decir" de *LPP*:

> Libertad no conozco sino la libertad de estar preso
>   en alguien
> Cuyo nombre no puedo oír sin escalofrío;
> ...
> Por quien el día y la noche son para mí lo que quiera,
> (*PC* 125)

El día y la noche, también contrarios en las relaciones femenino-masculino, al carecer aquí del valor opuesto, neutralizan el espacio que media entre ellos. Cernuda está consciente de este espacio, por lo cual lo elimina, dejando de oponer el uno al otro. La abolición del espacio entre contrarios que es el deseo último, no es más que el deseo de eliminar la distancia entre ser e imagen que es una de las cuestiones que se sigue planteando Cernuda, de manera quizá más penetrante, en *LPP*. Por eso usa la segunda persona, "tú", para crear una objetivación de la otredad que percibe en torno a él como expresa en las siguientes estrofas, y que le causa una angustia vital:

Como esta vida que no es mía
Y sin embargo, es la mía,
Como este afán sin nombre
Que no me pertenece y sin embargo soy yo;
Como todo aquello que de cerca o de lejos
Me roza, me besa, me hiere,
Tu presencia está conmigo fuera y dentro,
Es mi vida misma y no es mi vida,
Así como una hoja y otra hoja
Son la apariencia del viento que las lleva.

> ("Como leve sonido", *PC* 141)

¿Quién es ese "tú" que se presupone ser un "otro"? Para Lacan el Otro es el imperio del significante, que marca la ley por correspondencia al deseo, ya que el deseo busca satisfacerse, pero choca con las leyes impuestas, que el sujeto conoce al adquirir el lenguaje, que le van a dar su propia identidad en la comunidad. Por esto Cernuda ve una dicotomía entre el ser que uno se siente ser y el ser que ha de proyectarse para satisfacer los requerimientos del orden impuesto. Esto supone que el deseo ha de ser reprimido o pospuesto. Es por lo que Lacan implica que el conocerse a uno mismo es un mito representado por el mito de Narciso. De lo único que uno puede estar seguro es de la imagen en el espejo, que es, no obstante, una ficción. Lo que el sujeto percibe de esta imagen alterada del cuerpo es la base de todas las formas de lo semejante que van a llevar sobre el mundo de los objetos un tono de hostilidad, proyectando una transformación de la imagen narcisista. La identificación con la imagen pasa desde el regocijo del reconocimiento en el espejo a la confrontación y al derramamiento de la más íntima agresividad.[21] Es así

---

[21] Lacan, *Écrits*, 2: 168-169.

porque el deseo se ve automáticamente frustrado. Para Lacan el deseo se inscribe en el espacio entre la necesidad y la demanda. Es el Otro el que condiciona la demanda por medio de la falta, que conduce a la necesidad, el no tener satisfacción universal (la angustia). Este espacio sólo puede dejar de ser abismo si el Otro se digna, caprichosamente, a satisfacer la necesidad del sujeto. Este capricho, según Lacan, es el que introduce el fantasma del poder (Lacan, *Écrits* 2: 174-175). Cernuda se da cuenta que uno, mientras condicionado por el deseo, tiene bastante poco control sobre las acciones del otro; el control del otro por el deseo se observa por la persona, "tú".

Este sistema de representación se hace patente en la figura del héroe que es un espejo donde proyectar "este afán sin nombre/Que no me pertenece y sin embargo soy yo", dándole un nombre. En "Adónde fueron despeñadas", se llama "Corsario". El poema se abre con una pregunta irónica puesto que no se pregunta nada, no es más que una serie de metamorfosis:

> ¿Adónde fueron despeñadas aquellas cataratas,
> Tantos besos de amantes, que la pálida historia
> Con signos venenosos presenta luego al peregrino
> Sobre el desierto, como un guante
> Que olvidado pregunta por su mano?

"Cataratas" son "besos de amantes", pero esta metáfora, ya que hay una correspondencia entre el efecto de la rapidez de los besos y del agua, es posteriormente aniquilada por el lenguaje mismo, "signos venenosos". Estos son los que transforman el amor-deseo, sólo realizable en el terreno del mito, en algo inútil, "un guante/Que olvidado pregunta por su mano". Este mito del amor-deseo se continúa en la siguiente estrofa. El "Corsario" es un héroe, quien no es otro que Narciso, todo deseo:

Tú lo sabes, Corsario;
Corsario que se goza en tibios arrecifes,
Cuerpos gritando bajo el cuerpo que les visita,
Y sólo piensan en la caricia
Sólo piensan en el deseo,
Como bloque de vida
Derretido lentamente por el frío de la muerte.
(*PC* 190)

Narciso es el mito más recurrente en la poesía de Cernuda y, de acuerdo con la estética surrealista, se ve transformado, sin seguir la correlación lógica de la historia mítica, sino que la metonimia trae los puntos álgidos del significado del mito: el goce de reconocer un cuerpo bello similar a él, "se goza en tibios arrecifes", el acrecentamiento del deseo, "sólo piensan en la caricia/Sólo piensan en el deseo", y la muerte por la imposibilidad del objeto del deseo, "bloques que de vida/Derretido lentamente por el frío de la muerte". En *LPP* Cernuda hace, repetidamente, uso del "tú" para crear además una objetivación del yo poético. Ya hemos visto que en *URUA* se dirigía a vosotros, y aquí también lo hace, pero parece que le importa ahora ser más específico. Si antes el espejo era él mismo, ahora también lo es, pero por situarse dentro de la sociedad que es también el "otro". Demuestra en *LPP* que comprende la existencia del otro —que en Lacan es el significante— responsable por la visión del ser. Por lo tanto la totalidad es un deseo únicamente, es un mito, como muestra el mito de Narciso, latente en "Los marineros son las alas del amor", poema donde se conjugan los conceptos que hemos venido estableciendo: dolor de la imposibilidad del deseo, ambigüedad de la libertad, el deseo condicionado por el otro; todo enmarcado en el ámbito del mito: lo que debería ser en vez de lo que en realidad es:

Los marineros son las alas del amor,
Son los espejos del amor,
El mar les acompaña.
Y sus ojos son rubios lo mismo que el amor
Rubio es también, igual que son sus ojos.

La alegría vivaz que vierten en las venas
Rubia es también,
Idéntica a la piel que asoman;
No les dejéis marchar porque sonríen
Como la libertad sonríe,
Luz cegadora erguida sobre el mar.

Si un marinero es mar,
Rubio mar amoroso cuya presencia es cántico;

Quiero sólo ir al mar donde me anegue,
Barca sin norte,
Cuerpo sin norte hundirme en su luz rubia.

(*PC* 128)

Para Riffaterre el lenguaje surrealista es un "microcosmos" que crea su propia lógica fuera del orden normal de la comunicación. El poema surrealista constituye su propio sistema, "a dialect within language causing the reader to undergo the disorientation of the senses that the Surrealists saw as the essence of the poetic experience".[22] A continuación Riffaterre explica lo que entiende por la "metáfora extendida" en la poesía surrealista, la cual puede seguirse en el poema citado:

------

[22] Riffaterre, "The Extended Metaphor in Surrealist Poetry", *Text Production* (New York: Columbia U. P., 1982): 202.

... An extended metaphor is, in fact, a series of meta-
phors semantically tied together by syntax and meaning. They belong to a single sentence or to a single na-
rrative or descriptive structure. Each expresses a particular aspect of the whole, bc it a thing or a concept re-
presented by the first metaphor in the series.[23]

"Los marineros son las alas del amor" es la primera
metáfora de este poema. Tenemos un héroe, el marinero
que, como el Corsario, es un ser privilegiado, mitad realidad, mitad mito, que en el contexto del poema se ve
como inalcanzable. Es también aquí una especie de Cupido o, mejor dicho, las alas de este dios mítico, si tomamos la palabra "amor" igual a Eros (Cupido). Además es el espejo del amor, significando el reflejo, el
"otro". Para enfatizar aún más el valor del espejo como
generador de imágenes (identificaciones) las dos últimas
líneas de la primera estrofa son una imagen invertida la
una de la otra, como es en realidad la imagen especular:

Sus ojos son rubios lo mismo que el amor
Rubio es también, igual que son sus ojos.

El encabalgamiento ("el amor/Rubio") determina la
continuidad de esta metáfora totalmente visionaria a un
primer nivel, ya que los ojos toman el color del pelo; el
pelo conecta al dios Eros, "amor", con una personificación del concepto que portenta. En profundidad el código de esta imagen irracional puede ser "roto", como dice
Riffaterre, porque podemos buscar la lógica interna de
las palabras.[24] Tenemos que "los marineros son las alas

---

[23] Riffaterre, "The Extended Metaphor", 203.
[24] Riffaterre, "The Extended Metaphor", 210-212.

del amor" ya que existe el mito de que los marineros llevan su amor a distintas partes del mundo, cuyo símbolo
además son los pájaros, representados metonímicamente
por las "alas", que suelen emigrar de norte a sur y viceversa, sin tener un lugar fijo de residencia. Tenemos así
una imagen doble. Los marineros reflejan el amor, "son
los espejos del amor", porque el amor no puede detener-
se en ninguna criatura en particular, como veremos en
DHO. Para el hablante de este poema representan lo mítico, ya que, además de ser alteregos de Eros, la visión
que nos da de ellos es ideal, teniendo "una alegría vivaz
que vierten en las venas/... Idéntica a la piel que asoman". La imagen del pájaro volando libremente y despa-
rramando su amor se continúa en la segunda estrofa
cuando el hablante hace la advertencia:

> No los dejéis marchar porque sonríen
> Como la libertad sonríe,
> Luz cegadora erguida sobre el mar.

Esta advertencia se niega en el mismo momento que se
produce, creando una contradicción, pues, ¿cómo no van
a marcharse si tienen la libertad de ir donde quieran, "El
mar los acompaña", y la libertad se define como "Luz
cegadora erguida sobre el mar"? Y si sostenemos esta
metáfora, también indica que los pájaros "erguidos sobre
el mar", pueden decidir libremente a donde volar. Pero,
en contraste, "Luz cegadora" implica imposibilidad, como mirar al sol, que perfectamente enlaza con la metáfora de "ojos rubios", es decir, cegados con el brillo del
sol, que traen el mito de la totalidad inalcanzable, como
es la divinidad (Eros) o deseo inalcanzable. Si los marineros son una metonimia de la libertad, que es "luz cegadora erguida sobre el mar", son imposibles de mirar y
de esta manera imposible retener su imagen. Pero, ima-

ginativamente, es en este punto donde desea perderse el hablante; quiere ser "Barca sin norte/Cuerpo sin norte" precisamente para entrar en esta esfera de irradiación, naufragar en su "luz rubia". Quiere el hablante, por la fuerza de su deseo, entrar en ese espacio, donde como un pájaro, el norte y el sur no son puntos fijos, sino que representan la libertad de ir y venir sin tener que hallar un centro, una imagen, un "otro". De modo que lo que a primera vista parece ser absurdo, "ojos rubios", "alegría rubia", deriva hacia la propia coherencia del texto. Aquí se nos da la imagen ideal del amor, puro, divino, incondicionado, provocada por el deseo, que se ofrece constituido por la palabra, por el significante, como también se observa en *DHO*.

LPP explora más que *URUA* el concepto de lo doble que se examina ampliamente por los surrealistas. La imagen "Il y a un homme coupé en deux par la fenêtre" ilustra precisamente este concepto que tiene amplia definición en el mito clásico. Por ejemplo, la figura de Dionisio o el mito del Narciso son claras elaboraciones de ello. La duplicidad en las relaciones entre yo y Eros (deseo), lo mismo que en las relaciones entre el deseo del individuo y las exigencias de la sociedad, son aspectos que se encuentran en el conflicto del ser, ya que existir en el mundo significa abandonar la unidimensionalidad. Lo contrario es el mito de Narciso con su consecuencia trágica, el suicidio. La solución es el mito de Dionisio, es decir, en determinadas ocasiones, dar expresión a las necesidades elementales, desobedecer las reglas, acceder a "los placeres prohibidos", lo cual reclama Cernuda en el poema "Diré como nacisteis".

Dionisio es una de las figuras más complejas dentro del mito griego, originador de un culto que además parece ser punto de referencia al desarrollo del cristianismo. En un estudio sobre *Las bacantes* de Eurípides, Arthur Evans pone de relieve los puntos de convergencia entre la figura de Dionisio y la figura de Cristo.[25] Siendo al mismo tiempo hombre y dios, Dionisio es un concepto que se halla lo mismo en la religión griega que en la cristiana. La versión griega de la yuxtaposición de lo divino y de lo humano, sin embargo, tiene un tono sexual del cual carece el mito cristiano. Algunos indican que el Dionisio de Eurípides simboliza "The need for a total release from all culturally imposed restrains". Según Evans, "Euripdes exalts the psychological need of humall beings for cathartic episodes of uncontrolled madness, sensual indulgence, and even bloody violence".[26] Por otro lado, en el aspecto de la toma de la forma humana por la divinidad ambos, Cristo y Dionisio, son ejemplos del sufrimiento y del dolor ontológico de la humanidad:

> The most obvious influence of Euripides' *Bakkhai* in Christian mythology lies in its concept of Dionysos as the Suffering Son of God... Eunpides' play made the question of this relationship into its central motif... Dionysos was a godman, partaking both of the divine nature of his father and of the humanity of his mother [Semele]. As such he bridged the gap in his own person between the divine and the human and was capable of the experiences of both.[27]

El poema "Diré como nacisteis", que abre *LPP* y que se refiere en particular a "los placeres prohibidos", parece, a

---

[25] Arthur Evans, *The God of Ecstasy* (New York: St. Martin's Press, 1988) 148-152.

[26] Evans 8.

[27] Evans 146-148.

primera vista, enigmático, precisamente porque al hablar de "placeres prohibidos" no dice exactamente qué o cuáles son éstos. Derek Harris indica que Cernuda canta a estos "'forbidden pleasures' of his desire" para atacar los convencionalismos y tabúes que se oponían a su homosexualidad, incluso "threatening the heterosexual world with destruction".[28] Además de ser esta una afirmación bastante exagerada, Harris demuestra ser el típico crítico de Cernuda, aplicando la circunstancia personal del autor al texto poético, donde, por otro lado, no se menciona la homosexualidad. Por el contrario, todo el poema puede entenderse, siguiendo el mito dionisíaco, como una relajación catártica. Propone esta relajación como necesaria, debido a la restricción impuesta por los códigos sociales y culturales condicionadores del sufrimiento humano. El poema por lo tanto se desarrolla al mostrar la tensión entre el escarnio de la degradación humana y la petición de un nuevo orden. Se pide un cambio de valores que, aunque objetivado en lo sensual, "placeres", se entiende por oposición a todos los valores sociales o culturales que oprimen al individuo. En la primera estrofa el dolor, que puede verse como el sufrimiento ontológico, representado por la figura de Cristo, aparece, paradójicamente, en la imagen del resurgimiento de los "placeres prohibidos":

> Diré como nacisteis, placeres prohibidos,
> Como nace un deseo sobre torres de espanto,
> Amenazadores barrotes, hiel descolorida,
> Noche petrificada a fuerza de puños,
> Ante todos, incluso el más rebelde,
> Apto solamente en la vida sin muros.

---

[28] D. Harris, *Luis Cernuda: A Study of the Poetry* (London: Tamesis Books, 1973) 47.

No podemos hablar de ilación de los versos, más bien están arreglados de acuerdo con la técnica del "collage", recurso usado frecuentemente por los surrealistas.[29] "Placeres prohibidos" es un término tan general que, como el mito, deja un residuo que el lector lógico quiere llenar aplicándole un referente real. El efecto de letanía que producen los versos parece indicar el llamado automatismo de la poesía surrealista que Riffaterre descarta como auténtico lenguaje psíquico. Cree que los surrealistas trataban de producir, a veces con gran esfuerzo, el dictado del inconsciente. En realidad, creaban lo que él llama el "efecto del automatismo".[30] Mientras que el poema nos promete una narración con las primeras palabras, "Diré como nacisteis", del mismo orden que "érase una vez... ", esta lógica particular se deshace. La fábula que prometía se transforma en una serie de frases aparentemente desconectadas, pero relacionadas por el tema del sufrimiento ante la negación del deseo. La pasión de Cristo metonímicamente se da por "amenazadores barrotes", y sobre todo por la imagen "hiel descolorida", que nos hace pensar en la escena de la crucifixión cuando al que tiene sed, metonimia del deseo, en este caso Jesucristo, se le ofrece hiel, sustancia amarga que acrecienta aun más la sed. Por lo tanto no es demasiado aventurado asociar "torres de espanto" con las tres cruces que simbolizan el sufrimiento máximo. Christopher Soufas ve elementos demoníacos en este poema, diciendo que al presuponer lo desconocido, "los placeres prohibidos" simbolizan los misterios y las alegrías que se esperan en una vida regida por este po-

---

[29] Caws 20-23.
[30] Riffaterre, "Semantic Incompatibility in Surrealist Writing", *Text Production* 222.

der.[31] Nos parece que lo demoníaco se ve más claramente en *DHO*, aunque en 1931 ya habla Cernuda de este aspecto que le cautiva.[32] Pero, sin desmerecer a Soufas, aquí creemos que se confunde lo demoníaco con lo dionisíaco, que se presenta como obstáculo a lo establecido. El mito de Dionisio se da igual por la metonimia, "hojas lascivas", que alude al deseo sexual de "dormir en ese agua acariciadora". En la teoría de Lévi-Strauss el mito se compone de mitemas que son correspondientes a las unidades del lenguaje y que forman la estructura general del mito. Por lo tanto ambos mitos aquí se pueden reconstruir por sus mitemas. El de Dionisio es el mito de "los placeres prohibidos" por los preceptos sociales, cuando en otro tiempo representaron el lado elemental humano, su contacto con el cosmos, por lo cual Cernuda los llama "planetas terrenales". El sacrificio de Cristo representa precisamente la degradación del sistema de valores, que no es capaz de reconocer al ser por lo que es, humano y divino, sino que reconoce únicamente la estructura unidimensional del poder. El hablante ofrece nuevos valores que parecen reemplazar, aunque irónicamente dice que "no importan", los de una sociedad que niega la realización del deseo. Estos son "La pureza, los dones que un destino/Levantó hacia las aves con manos imperecedems;.../laa juventud,... la sonrisa". Nos parece que todos estos son valores que han sido actuados a través de los ritos dedicados a ambos cultos el de Dionisio y el de Cristo.

---

[31] C. Christopher Soufas, Jr., "Cernuda and Daimonic Power", *Hispania*, 66 (mayo, 1983): 169.

[32] En el artículo "La escuela de los adolescentes" (1931) dice Cernuda que "Hay un poder domoníaco, no sé si ajeno o no a nosotros mismos, que actúa y dispone nuestro rumbo con arreglo a un secreto destino" (*PRC* 1236).

Todos aquellos que han experimentado la prohibición comprenden la imagen del sufrimiento ontológico; es el sufrimiento de la existencia que tiene eco en la sed de Cristo, al cual vuelve de nuevo con la imagen "jugo de esponjas abandonadas por el mar,... coronas derribadas", que traen la pasión del hombre injustamente mancillado. Como el Cristo-hombre el hablante de este poema "No sabía los límites impuestos,/Límites de metal o papel,/Ya que el azar le hizo abrir los ojos bajo una luz tan alta", la cual está alienada de algo que, sin embargo, ha venido a confrontar: "realidades vacías,/Leyes hediondas, códigos, ratas de paisajes derruidos". Pretender sobrepasar estos obstáculos es "hallar una montaña que prohíbe,/Un bosque impenetrable que niega,/Un mar que traga adolescentes rebeldes". Aquellos que siguieron el culto de Dionisio fueron perseguidos. Eran mujeres, llamadas Ménades, que, según indica Evans, deseaban una relajación de las prohibiciones a que se sometían por su sexo dentro de una sociedad patriarcal.[33] Por igual, los que siguieron el culto de Cristo fueron también perseguidos. De lo que se desprende que el poema, al poner en conjunción las fuerzas del amor fraternal, simbolizado por el mito cristiano, y las fuerzas de las necesidades vitales, simbolizadas por el mito dionisíaco, es una denuncia social, objetivada a través de la persona yo, "Diré", que puede trasladarse a "denunciaré", y tú, "ya declaran tu espíritu impuro", que se ve por correspondencia a ellos, "declaran", y que puede implicar la persona de Jesucristo a quien se declaró "impuro" injustamente y se le condenó a muerte para que no contaminara a la comunidad judaica. La salvación que propone la muerte de Cristo se ve aquí en las manos de los

---

[33] Evans 14.

"placeres prohibidos", puesto que Cernuda, claramente, ve que "la ira, el ultraje, el oprobio y la muerte", a que se sometió Cristo no han conseguido nada en la abolición de la injusticia; son, por el momento, "Ávidos dientes sin carne todavía" que están esperando y "Amenazan abriendo sus torrentes". Éstos por un lado,

> De otro lado vosotros, placeres prohibidos,
> Bronce de orgullo, blasfemia que nada precipita,
> Tendéis en una mano el misterio.
> Sabor que ninguna amargura corrompe,
> Cielos, cielos relampagueantes que aniquilan.

En ninguno de los dos extremos ha sido satisfecho el deseo y lo que nos muestra el hablante es una violencia latente que se origina por la falta de algo, objeto del deseo. La destrucción es la tónica central de estos versos que, de nuevo, carecen de ilación y no afirman sino que dan una impresión de lo que se desea sin nombrarlo. Ambas destrucciones, la cristiana y la pagana, se ofrecen en un apocalipsis común. De un lado Zeus, padre de Dionisio, cuya arma para las insurreciones es el relámpago, y del otro el Dios cristiano que "amenazó" con destruir el mundo y separar a los buenos de los malos. Esta destrucción de tipo apocalíptico que da fin al poema busca la abolición de la moral represiva que se opone a la espontaneidad de lo natural, a la expansión de los sentimientos eróticos:

> Abajo estatuas anónimas
> Sombras de sombras, miseria, preceptos de niebla;
> Una chispa de aquellos placeres
> Brilla en la hora vengativa
> Su fulgor puede destruir vuestro mundo.
>
> (PC 117-118)

La venganza contra el mundo "que prohíbe..., que niega" alza "De otro lado vosotros, placeres prohibidos,/Bronce de orgullo, blasfemia que nada precipita,/Tendéis en una mano el misterio", igual que la existencia de Cristo, como hombre en la tierra, supone, como el mito, lo misterioso e inexplicable.

Hasta aquí hemos visto que la lógica y lo irracional se confunden obligándonos a ver el texto en manera diferente a si tuviera únicamente un referente de experiencia reconocible. El *collage*, la superposición de imágenes desconectadas, puente entre lo real y lo irreal es el centro de la poesía surrealista, lo que obliga a revalorar la experiencia del lenguaje, a comprenderlo dentro del terreno de lo inusitado, en manos "del misterio" en vez de en manos de la lógica. Por eso el texto surrealista mitifica el lenguaje común. El lenguaje surrealista se vale de éste (lenguaje-objeto) para al mismo tiempo distanciarse, de la misma manera que el mito, elaborado sobre las base del lenguaje-objeto, se distancia de la mimesis que éste conlleva.

En *URUA* y *LPP* puede encontrarse dentro de un contexto familiar, la desfamiliarización del universo real, tornándose en imágenes que provocan una meditación sobre el amor y además sobre el sistema de valores. Es de conocimiento común que la tragedia griega echaba mano del mito para poner en tela de juicio el sistema moral y social.

Manuel Ulacia observa que aunque los críticos tienden a señalar que Cernuda no se fija en la mitología cristiana, sino que le interesa únicamente la mitología clásica, "por haber tenido una educación católica, estricta en su infancia, aparecen ciertas reminiscencias católicas a lo largo de toda su obra, sobre todo en estos poemas surrealistas".[34]

---

[34] Manuel Ulacia, *Luis Cernuda: escritura, cuerpo y deseo* (Barcelona: Laia, 1986) 65.

Una observación, sin embargo, bastante incorrecta, ya que las "reminiscencias" no son tales sino poemas enteros como "La adoración de los Magos" o "Lázaro", que exploran, a fondo, aspectos del mito cristiano. En *DHO* además veremos otras figuras del mito cristiano, el ángel y el demonio, que le sirve a Cernuda, para, de nuevo, objetivar sus sentimientos.

II

El amor: ángel y demonio en **Donde habite el olvido**

Los críticos han establecido que la colección *Donde habite el olvido* fue compuesta por Cernuda después de sentir la pérdida de una relación amorosa y que la ruptura de este romance es el tema que llena las páginas de esta colección.[35] Carlos Ruiz Silva dice que "Si *Los placeres prohibidos* era un canto general, un canto al amor sin destinatario concreto, indi vidual, *Donde habite el olvido* es la historia de un amor determinado, personalizado, vivido en una experiencia dolorosa y hondísima de la que los versos son testigo".[36] Sin embargo, lo que estos críticos indican es solamente el pretexto que da ocasión al libro. El texto poético por su parte sí expresa "una experiencia dolorosa hondísima", pero por correspondencia al dolor del deseo, como resultado de la meditación pro-

---

[35] Harris, *Luis Cernuda: A Study of the Poetry* 53; José Luis Cano, "Bécquer y Cernuda", *La poesía de la Generación del 27* (Barcelona: Labor, 1986): 253.

[36] Carlos Ruiz Silva, *Arte, amor y otras soledades en Luis Cernuda* (Madrid: Ediciones de la Torre, 1979) 54.

funda que el poeta hace de la pérdida del objeto del deseo, el suyo como el de cualquier ser humano.

Por otro lado, se observa una definida continuidad
temática entre *URUA, LPP* y *DHO* que mejor está expre-
sada por el poeta mismo en el epígrafe que encabeza este
conjunto poético:

> Como los erizos, ya sabéis, los hombres un día sintieron
> su frío. Y quisieron compartirlo. Entonces inventaron el
> amor. El resultado fue, ya sabéis, como en los erizos.
>
> ¿Qué queda de las alegrías y penas del amor cuando
> éste desaparece? Nada, o peor que nada; queda el re-
> cuerdo de un olvido. Y menos mal cuando no lo punza
> la sombra de aquellas espinas; de aquellas espinas, ya
> sabéis.
>
> Las siguientes páginas son el recuerdo de un olvido.
>
> (*PC* 149)

Con este poema en prosa abre una colección cuya in-
tertextualidad es la obra de G. A. Bécquer, las *Rimas*, incluso Cernuda no titula más que dos poemas en la colección, dando números romanos al resto, igual que hizo
Bécquer, y abriendo el primer poema con versos de la
"Rima LXVI", que da nombre a la colección, y rom-
piendo la expectativa al trocar el verso "allí estará mi
tumba", por el más mítico, "en los vastos jardines sin aurora". La diferencia entre Bécquer y Cernuda es que este
último abre el espacio "donde habite el olvido" al romper la finalidad que tiene la palabra "tumba". Otra diferencia es que Bécquer no escribe al dolor del deseo, porque el deseo no es el tema primordial de su obra, mientras que en la obra de Cernuda el tema del deseo es el
latido continuo que impulsa la creación, lo mismo que
impulsa el vivir. Tanto el amor erótico, como el dolor
causado por su desvanecimiento, como la imposibilidad

del medio para satisfacer las necesidades vitales del individuo, que observamos en *URUA* y en *LPP*, están presentes en el epígrafe citado.

Comenzando con Eros, es fácil ver que los morfemas de "erizos" y "eros" no son casuales, sino que guardan una relación fonética que demuestra la clara intención del poeta de nombrar no la cosa por sí misma sino el efecto que produce, como ya indicamos es la función del símbolo dentro del movimiento simbolista. Según Carlos Bousoño es Bécquer el primer poeta español que usa el símbolo en este sentido —hacer partícipe al lector de una emoción—[37] y que Cernuda recoge desde su iniciación poética. Cernuda hace un nuevo mito de lo que Eros representa, para lo cual utiliza la palabra "erizo" para, de manera gráfica, simbolizar el dolor que causa el amor (deseo). Se ve el amor, sin embargo, en esta colección, dentro de un contexto más amplio que el simplemente individual. Hace culpable a la humanidad, incluyéndose él mismo en ella, de esta relación entre amor (Eros) y erizo, "como los erizos, ya sabéis, los hombres un día... inventaron el amor". El amor humano se compara al amor entre los erizos, siempre desprendiendo espinas en su contacto. Es una imagen, que de una manera trae la contradicción, nombra el amor por su opuesto, lo áspero del desamor, o de la indiferencia. El amor-deseo, es solamente "las espinas [erizos]", convierte el dolor en pérdida total, igual a la muerte, "olvido", trayendo el verso de Bécquer, "Donde habite el olvido/allí estará mi tumba". Por último, la frase, "las siguientes páginas son el recuerdo de un olvido", nos dice que va a crear una historia —un mito— pero "el recuerdo de un olvido", es una antítesis que no hace otra cosa que definir el deseo

---

[37] Bousoño 151-152.

por su contrario, la muerte, ya que si el deseo produce la vida, el olvido de este deseo produce la muerte.

Eros es ambivalente. De acuerdo con Anne Carson, Eros es lo mismo deseo de algo que falta de algo. Comprende al mismo tiempo la anticipación del placer que trae el enamorarse como la decepción una vez conseguido el amor. Por definición, en griego, la palabra Eros significa necesidad de lo que no está presente. Pero es imposible tener lo que se desea; en cuanto se tiene, el deseo muere. Sólo puede definirse el deseo por la falta. Este dilema que ha intrigado a pensadores desde Platón hasta Lacan, indica que el deseo no está ni en nuestra posesión ni en nuestro ser.[38] Por lo tanto, aquello que se rodea de líbido provoca tanto el amor como el dolor, creando la paradoja del amor que es al mismo tiempo odio, creando también, en Cernuda, la alegoría del ángel y del demonio. Ambos conceptos, que carecen de valor ético en la obra de Cernuda, se contraponen en *DHO* para explorar la experiencia amorosa dentro de su paradoja esencial. Cernuda elige estos símbolos porque parte de la base mítica de que el amor tiene una forma determinada, es un Cupido con sus flechas de "acero". Su opuesto, por la necesidad de dar representación a la esencia total de este ente alado, es el demonio que fue ángel primero, pero que ha sido expulsado del estado feliz del amor.

Eros en el primer poema, I, "Donde habite el olvido", se describe como un ángel. Al pretender abrir el inmenso imperio del olvido, "vastos jardines sin aurora", usa el tiempo subjuntivo, enfatizando de esta forma la esperanza y el deseo de algo cuya consecución no se tiene por segura:

---

[38] Anne Carson, *Eros the Bittersweet* (Princeton U. P., 1986) 10.

Donde habite el olvido,
En los vastos jardines sin aurora;
Donde yo sólo sea
Memoria de una piedra sepultada entre ortigas
Sobre la cual el viento escapa a sus insomnios.
Donde mi nombre deje
Al cuerpo que designa en brazos de los siglos,
Donde el deseo no exista.

En esa gran región donde el amor, ángel terrible,
No esconda como acero
En mi pecho su ala
Sonriendo lleno de gracia aérea mientras crece el tormento.

El amor es "ángel terrible" y criatura que, "sonriendo"
con "gracia aérea", acrecienta "el tormento" del deseo.
Según dice Carson, tomando el adjetivo dado a Eros por
Safo, el deseo es "agridulce":

Eros moves or creeps upon its victim from somewhere
outside her... No battle avails to fight off that advance...
Desire, then, is neither inhabitant nor ally of the desirer.
Foreign to her will, it forces itself irresistibly upon her
from without. Eros is an enemy. Its bitterness must be
the taste of enmity.[39]

El poema de Cernuda es en sí mismo la gran res-
puesta al deseo, tan paradójica como el deseo mismo.
Quiere negar el deseo, decir "no", mientras que, al usar.
el subjuntivo, se precipita en la conjetura, negando la
negación al afirmar con el deseo. El mismo lugar que
describe es objeto de su fantasía, de un sueño; es un lu-

---

[39] Carson 4.

gar mítico, que ni siquiera tiene un nombre, dondequiera que sea que "habite el olvido". En ningún otro poema es Cernuda más explícito en revelar qué es el deseo usando el mito clásico, porque es unicamente en términos mitológicos como se puede dar forma a algo que es en sí mismo inexplicable, lo único formulable es su efecto:

> Allá donde termine este afan que exige un dueño
> a imagen suya,
> Sometiendo a otra vida su vida,
> Sin más horizonte que otros ojos frente a frente.

Es el deseo mismo el que precipita la representación, el ansia de vernos a nosotros mismos reflejados, un "afán" que no puede satisfacerse, pues siendo Eros, una vez que se llega a la imagen, en ese logro radica la pérdida del deseo, y por consiguiente la muerte, ya que muerte y deseo son tan antitéticos como ángel y demonio, pero al mismo tiempo indisociables el uno del otro. Según Allan W. Watts, en los mitos el bien, el mal, las tinieblas, la luz, lo positivo, lo negativo no son entidades distintas. Son únicamente dos aspectos de la misma unidad, igual que lo masculino y lo femenino. Para Watts, los mitos hindúes, entre los más antiguos, repetidamente, nos muestran el tema de "unity in duality".[40] El emblema del círculo yin-*yang* "suggests a kind of whiplash or peristaltic motion, a continous ondulation not only of life and death, day and night, but of one living form into another".[41] Los poemas de *DHO* se sitúan en este círculo, en la ondulación positivo-negativa —que en Cernuda es

---

[40] Allan W. Watts, *The Two Hands of God* (Toronto: Collier Books, 1969) 82.
[41] Watts 64.

conflictiva— en que nos colocan las demandas del deseo, pero además en la aceptación de que el ser forma parte de un continuo donde se sitúan los demás, que veremos mejor expresado por Cernuda en el último poema, "Los fantasmas del deseo". Cernuda cree que en la realidad nos movemos en estas dicotomías sin salida aparente. Es solamente a través del lenguaje, que es el agente del deseo, que esta salida puede efectuarse, como muestra este tiempo y lugar hipotéticos, negociados por el mito, creado por el propio lenguaje:

> Donde penas y dichas no sean más que nombres,
> Cielo y tierra nativos en torno de un recuerdo;
> Donde al fin quede libre sin saberlo yo mismo,
> Disuelto en niebla, ausencia,
> Ausencia leve como carne de niño.
>
> Allá, allá lejos;
> Donde habite el olvido.

Este lugar mítico es el terreno donde los contrarios parecen disolverse. "Penas y dichas" no tienen significado, son "nombres" únicamente. Se destruye la función mimética del lenguaje, ya no se está sujeto a la tiranía del significado. Cielo y tierra, tampoco guardan su significado tradicional que los divide, son un "recuerdo". Por último hasta se proclama la disolución del cuerpo en "niebla", o aún más, "ausencia", para liberarlo de la continua tiranía en que vive sujeto al deseo. Cernuda no puede expresar donde se halla este lugar, tiene que recurrir a la propia poesía, el verso de Bécquer, para definirlo. El lugar donde no se sienta el deseo tiene que ser la muerte, pero tampoco es la muerte, al menos no físicamente. Debe ser "el olvido". Es decir, solamente queda la ambigüedad fatal del ser y no ser", de nosotros mismos, ángeles en apariencia, a veces por dentro, demonios. Quiere demostrar la fatalidad de las palabras, el juego de significados a que nos somete el deseo del otro, cuando la imposibilidad de expresar la totalidad del ser que siente ha de moverse en la circularidad del propio lenguaje. ¿Cómo expresar "el olvido" que es precisamente lo que significa sentir la indiferencia de otros? Pero cada uno siente esta indiferencia de manera distinta y solamente la oposición puede definir la unidad, por lo que a una imagen siempre hay que oponer otra imagen, "un afán que exige un dueño a imagen suya". Lo que se plantea Cernuda es donde empieza y donde termina esta realidad. El cree que está condicionada por el lenguaje, que es el deseo, ya que con el lenguaje puede construir mundos inexistentes, "Allá, allá lejos/Donde habite el olvido", fuera del campo mimético.

El mito es inherente al lenguaje cuando éste relata una experiencia pasada o cuando expresa un deseo sobre el futuro (realidad no vivida: subjuntiva). El lenguaje de la ciencia describe procesos y aunque permita un mínimo de ambigüedad, no es mítico. Sin embargo, el lenguaje poético, en tanto que se trata de experiencias individuales, con mayor o menor grado lleva hacia lo mítico. En la poesía de Cernuda las imágenes como metáfora, alegoría o símbolo son funciones que toma el mito, reflejan el mito. Se explorará primero la función simbólica del ángel y del demonio que no son más que dos figuras alegóricas que nombran los contrarios y que es precisamente donde se sitúa, creemos, toda la obra de Cernuda, a juzgar por el título que él mismo la dio, *La realidad y el deseo*, si tomamos como realidad la realidad última, la muerte, y por deseo su opuesto, la necesidad de vivir entendido por crear, procrear, odiar, amar.

Citado por Watts, Mark Shorer indica que cualquier pasión, sea envidia, amor u odio debe tener a su disposición una imagen real o ideal como su correlativo.[42] Es decir, tiene que tener un correlativo lingüístico que defina esa experiencia. Por lo cual ha de valerse de una imagen (metáfora, metonimia, alegoría, símbolo) que pueda hacer evocar la experiencia. El lenguaje poético, dice Watts, "manages to convey something which factual language almost invariably screens out —the psychological involvement of the poet himself with his environment".[43] Por ello, solamente a través de una mitificación de ese medio puede el poeta expresar su reacción emocional (psicológica) ante lo que le brinda su entorno socio-cultural, lo mismo que dar forma a sus necesidades vitales. De modo que al comunicar la experiencia del deseo a través de imágenes de tipo cósmico Cernuda trata de hacer ver al lector su posición dentro del universo tanto natural, su naturaleza biológica, como dentro de las relaciones interpersonales.

En el poema número II es su intención abrir el espacio del deseo. Si el primero contemplaba el olvido del amor como el deseo de penetrar la muerte en vida, este segundo desea penetrar ese otro espacio que parece, en términos lingüísticos, tan impenetrable como el anterior: el deseo. Metafóricamente el espacio del deseo se nombra con el mar, un mar internalizado por el hablante como la inmensidad del amor; el objeto del deseo se simboliza por la unión de los contrarios, ángel y demonio:

> Como una vela sobre el mar
> Resume ese azulado afán que se levanta
> Hasta las estrellas futuras
> Por donde pies divinos descienden al abismo,

---

[42] Watts 3.
[43] Watts 4.

> También tu forma misma,
> Ángel, demonio, sueño de un amor soñado,
> Resume en mí un afán que en otro tiempo levantaba
> Hasta las nubes su alas melancólicas.
>
> ...
>
> Yo, el más enamorado,
> En las orillas del amor,
> Sin que una luz me vea
> Definitivamente muerto o vivo,
> Contemplo sus olas y quisiera anegarme,
> Deseando perdidamente
> Descender como los ángeles aquellos por la escala de
> espuma,
> Hasta el fondo del mismo amor que ningún hombre
> ha visto.
>
> (PC 151)

Como intertexto nos parece ver la leyenda de "Los ojos verdes" de Bécquer, donde el protagonista también se asoma al abismo sin saber que va a entrar en terreno vedado. Cernuda, por el contrario, no desea otra cosa que entrar en este terreno vedado "Hasta el fondo del mismo amor que ningún hombre ha visto". Como a Orfeo, tampoco le asustan las tinieblas, sin miedo a lo que allí haya. La decepción es simplemente que mientras que lo afirma, sabe que no podrá hacerlo, es la ironía del lenguaje que crea mundos insostenibles en su realidad. El hablante quiere "Descender, como los ángeles aquellos", ángeles sin nombre, y que por su ambigüedad traen el mito de ambos ángeles, los fieles a la divinidad y los infieles que descendieron al abismo. Ambos simbolizan los dos aspectos del deseo, su dulzor y su amargura.

La unión de ángel y demonio, es decir, la unión de contrarios, es igual a la unión de cielo y tierra que últimamente representa la abolición de los contrarios como distintos uno de otro en favor de su verdadera naturaleza: uno presupone al otro. Los dos son necesarios, ambos coexisten en un mismo ser en un continuo fluir indisoluble, lo cual Cernuda ve en términos dolorosos y no, como los mitos antiguos, como juego o "cosmic dance", donde con cada final se promete un principio.[44] La actitud que Cernuda despliega ante los contrarios es fatalista. Mientras que afirma la dualidad, preferiría que no existiera. Lo femenino y lo masculino son aspectos contrarios; de modo que Cernuda toma estas entidades ambiguas para poner de relieve como el conflicto del deseo puede hallarse en todas las formas, tradicionales o no, de representación.

El ángel es indudablemente una entidad femenina en el aspecto dado por las artes plásticas. Carece, sin embargo, de naturaleza masculina o femenina. El demonio es también este tipo de entidad, bajo su aspecto monstruoso no se puede saber cual es exactamente su naturaleza. Pero como los mitos más primitivos demuestran, tanto lo femenino como lo masculino, como cualquier forma de los contrarios no existen separados el uno del otro, son interdependientes, lo cual, dice Jung, se demuestra en los arquetipos *anima* y *animus*, en su aparición simultánea, el arquetipo *syzygy* (Jung, *Col. Works* 9: 56). El poema IV nombra lo femenino y lo masculino en la unidad, representada por el "yo" que nos hace ver el ser primordial, sin división. Lo irónico es que Cernuda habla en pretérito confrontándonos con una ruptura entre pasado y presente, presentándonos, al mismo tiempo, la desaparición del ser que quiere describir:

---

[44] Watts 82, 87.

Yo fui.
Columna ardiente, luna de primavera,
Mar dorado, ojos grandes.

Las palabras, "columna", "luna de primavera" son fe-
meninas y se encuentran en una situación de equilibrio
con la palabra "mar", aquí con sentido masculino. Hay
una sensación del espacio, lo erecto en contraposición
con lo horizontal. Aquí lo erecto es femenino, "columna", "luna", y lo masculino es la inmensidad del mar
que se trata de captar con estos "ojos grandes". Pero
"columna" es una palabra ambigua ya que, aunque de
sentido femenino, es a su vez un símbolo fálico. También
el mar ha sido usado en sentido femenino lo mismo que
masculino. En realidad nos parece que Cernuda hace
apelación a todo lo elemental, indicando que la forma de
nombrar es ambigua en sí misma y que una misma palabra puede connotar lo masculino y lo femenino tanto en
su forma física como espiritual. El hablante se contempla
a sí mismo en téminos visionarios como "columna",
"luna", y "mar" y además se compara con un héroe mítico:

Canté, subí,
Fui luz un día
Arrastrado en la llama.

El mito de Faetón que murió arrastrando el carro del
sol simboliza la aspiración fallida del hablante a consu-
mirse en amor, ya que también, como el hijo de Climene,
puso demasiada confianza en el deseo, ignorando su cor-
pórea fragilidad. Este mito concuerda con el cristiano de
los ángeles que quisieron ser como dioses, y cayeron
desde la luz (llama) al abismo. La llama, símbolo del deseo, es insostenible y:

Como un golpe de viento
Que deshace la sombra,
Caí en lo negro,
En el mundo insaciable.

He sido

(PC 153)

Así pues, desde la luz que figurativamente representa
el deseo del amor, cae al "mundo insaciable", donde el
hablante ha perdido aquello "que pinta el deseo en días
adolescentes", es decir, el deseo dulce de no tener todavía el objeto deseado, de no encontrarse con la muerte
("olvido"). Cierra el poema con el tiempo de la existencia
que no es más, "He sido", porque como Faetón, al conseguir su empresa, la muerte era su recompensa.[45] En
Cernuda la falta de amor es la muerte. La perfecta armonía entre "columna ardiente" y "luna de primavera",
rodeadas por "el mar" queda de golpe extinguida, como
el viento que apaga una vela, en una existencia ambigua,
"lo negro".

El mito del mar es un símbolo querido por los poetas
de la Generación del 27. Aleixandre, Lorca, Alberti, Guillén, Salinas hacen del mar un objeto de representación
de aquello que está en lo hondo, precisamente, de todo
lo que es difícil de ser representado por las insuficiencias
que encierra el lenguaje, por sus ambigüedades. El mar

---

[45] Faetón, al saberse hijo de Febo, le pide conducir el carro del sol.
Ante la negativa del padre, su interés crece aún más, tanto que el padre consiente. La juventud e inexperiencia le hacen perder las riendas
y muere en las llamas, descendiendo al mismo tiempo a una parte
remota, lejos de su Etiopía natal. En Ovidio, *The Metamorphoses*, 2
vols., trans. Frank Justus Miller (Cambridge: Harvard UP, 1926) 1: 61-
83.

se hace imagen a veces del inconsciente, como en Lorca, a veces de la libertad, como en Alberti, a veces del amor, como en Aleixandre. En *DHO* Cernuda usa la imagen del mar para describir al amante, por lo cual ambos quedan mitificados:

> El mar es un olvido,
> Una canción, un labio;
> El mar es un amante,
> Fiel respuesta al deseo.
>
> Es como un ruiseñor,
> Y sus aguas son plumas,
> Impulsos que levantan
> A las frías estrellas.

En todo el poema el mar no existe como tal sino como una transformación continua que, como comentamos, es una técnica usada por Cernuda desde *URUA* y *LPP*. Este poema enlaza claramente con los poemas de las otras dos colecciones en estilo, pero falta la violencia. En vez de las transformaciones bruscas como una flor que se convierte en "una gota de sangre" o el cuerpo en "leño perdido" en *LPP*, en *DHO* hay una constante ondulación entre las cosas. La metáfora del mar como "labio", dentro de la visión que conlleva, es una transformación lógica, ya que el mar produce el efecto de besar la arena. La segunda estrofa acrecienta el valor mítico porque el efecto es más irracional. El mar es ahora un "ruiseñor". Mientras que aquí todavía podemos asociar el murmullo del mar con la canción del pájaro, la siguiente imagen "agua" igual a "plumas" hace difícil ver la inmensidad del mar concentrada en la imagen de un pájaro tan diminuto como el ruiseñor. Pero, de nuevo, Cernuda quiere revelar la antítesis entre amor y deseo. El deseo, tan inmenso que se equipara al mar, pone todas sus energías en un cuerpo, que por relación al deseo es tan pequeño como el ruiseñor en relación con el mar. Tal imagen trae el mito de Zeus cuya gran potencia se ve transformada en águila, en toro, en cisne, en nube, con objeto de satisfacer el deseo. La imagen cósmica que, como vimos, es una característica de la visión según Bousoño, tiene por objeto "destacar el poderío espiritual" que ejerce en nosotros una determinada realidad.[46] "Plumas.../Impulsos que levantan/A las frías estrellas" es una imagen cósmica que determina que el deseo tiene tal poder, explicación que queda dentro del espacio del mar como mito. La transformación de mar en amante produce una visión ideal del amor, separada de la realidad donde, después de conseguir el objeto deseado, el deseo desaparece, pierde su fuerza. Por lo cual es el lenguaje el que crea el mito del goce que no cesa:

> Sus caricias son sueño,
> Entreabren la muerte,
> Son lunas accesibles,
> Son la vida más alta.
>
> Sobre espaldas oscuras
> Las olas van gozando.
> (PC 155)

Las caricias del mar son "sueño" y "entreabren la muerte", significando que llevan hasta sus puertas, es decir, la caricia se compara a una existencia separada del discurrir real, hasta el punto que se llega a la muerte. Es tradicional ya la comparación entre el acto erótico y la sensación de la muerte, como abandono de toda realidad circundante

---

[46] Bousoño 137.

mientras dura el espasmo. La metáfora cósmica se continúa para dar más relieve a lo que es posible dentro de ese espacio, "mar", mítico que es el deseo. Hay "lunas accesibles" y "olas" que sin parar "van gozando" a caballo "sobre espaldas" de cuerpos míticos ya que viven su existencia en el mar, que es en el poema un amante de deseo inagotable, de amor inagotable. Claramente, el mar es un amante visionario, un amante que recibe y nunca niega, nunca abandona y siempre está dispuesto a la caricia, un amante, al fin, fruto del deseo. La realidad es muy otra. En el poema VIII, el mar representa la insomnia. "Es un mar delirante,/Clamor de todo espacio" (PC 157), representa el vacío. Y en el poema XV "el deseo inmenso" es "como un mar entre hierros" (PC 165). Por lo cual este poema único en la colección donde el deseo se realiza, aunque sea a nivel mítico, ha de entenderse, como ya dijimos, solamente posible a nivel lingüístico.

Podemos decir que DHO se mueve en un continuo fluctuar. El lenguaje promete lo que se desea, el momento álgido del amor:

> Quiero con afán soñoliento,
> Gozar de la muerte más leve
> Entre bosques y mares de escarcha.
> (PC 154)

expresado así míticamente como una existencia visionaria; mientras que la realidad niega este deseo. Los que amaron ya no tienen vida son:

> Fantasmas de la pena,
> Recorriendo las tinieblas.
> Por allá van y gimen
> Muertos en pie, vidas tras de la piedra.
> (PC 162)

El cese del deseo vuelve a contemplarse como la expulsión del paraíso que, cuando en *URUA* y *LPP* se concretizaba en descripciones de paisajes desolados, aquí se lleva al nivel mítico de donde proviene, es decir, el paraíso es, de nuevo, el lugar donde se vive el deseo; la expulsión del paraíso implica el dolor del deseo, la falta de lo deseado, lo cual se ha perdido por algún truco del destino. El poema X recoge el tópico del héroe mítico y de la expulsión:

> Bajo el anochecer inmenso,
> Bajo la lluvia desatada, iba
> Como un ángel que arrojan
> De aquel edén nativo.

El mito cristiano y el pagano vuelven a entrecruzarse como en el poema IV, "Yo fui", y como en "Diré como nacisteis". Aquí también el tiempo es el de la narración, "iba", por lo que el hablante toma la posición del héroe y lo que nos cuenta es el choque de sus aspiraciones con la realidad que imposibilita. El mito de Ícaro, que recrea la aspiración de alcanzar lo más alto, es el que da soporte al mito del ángel caído:

> Niño en brazos del aire,
> En lo más poderoso descansando,
> Mano en la mano, frente en la frente.

Por contraste, mientras que se reproduce la imagen del aire, símbolo de la fuerza, el hablante se contempla como niño, sin poder, abandonado a su fragilidad, "en brazos del aire". Por lo cual ya vemos la antítesis entre "aire" (fuerza) y "niño" (fragilidad). En la siguiente estrofa este momento que es ideal a no dudar, y por lo tanto en su misma afirmación se tiende su imposibilidad, abre el proceso de la desintegración del momento álgido:

> Entre precipitadas formas vagas,
> Vasta estela de luto sin retorno,
> Arrastraba dos lentas soledades,
> Su soledad de nuevo, la del amor caído.

Se ve que el hablante ha caído, como caen todos, "vasta estela de luto sin retorno", en la indiferencia, al perder lo deseado, o quizá al no alcanzarlo, como Ícaro. "El amor caído" no es más que "el ángel caído" que arrastra el deseo y la soledad que:

> Fueron sus alas en tiempo de alegría,
> Ésas que por el fango derribadas
> Burla y respuesta dan al afán que interroga,
> Al deseo de unos labios.

El deseo queda, pero ahora apesadumbrado por una comprensión que no trae alivio sino que es el asentimiento a algo que se sospechaba pero que no quería darse por cierto. Algo a lo que hay que asentir, rechazándolo sin embargo por principio, por lo cual produce ese sufrimiento hondo que ni siquiera puede hacerse expresión violenta como ocurría en *LPP*:

> Quisiste siempre, al fin sabes
> Cómo ha muerto la luz, tu luz un día
> Mientras vas, errabundo mendigo, recordando, deseando;
> Recordando, deseando.

> Pesa, pesa el deseo recordado;
> Fuerza joven quisieras para alzar nuevamente,
> Con fango, lágrimas, odio, injusticia,
> La imagen del amor hasta el cielo,
> La imagen del amor en la luz pura.

Implícito en ese "quisieras", verbo del deseo, queda la derrota total, la certeza de que no se hará absolutamente nada para convertir lo deseado en realidad, el dolor en crueldad.

De modo que el deseo visto así, algo solamente negociado por el lenguaje, imposible de hacerse realidad, excepto en el terreno del mito, se convierte en un fantasma. El deseo somos nosotros, pues sin él no hay vida, pero es también la muerte pues al perseguir su realización, como un impulso ordenado por la propia naturaleza, se cae en la nada, ya que en su logro está su pérdida, como explica Anne Carson. Esto es lo que nos va a decir en el último poema de esta colección, "Los fantasmas del deseo", donde se refugia en el mito para dar solución a un problema que no la tiene.

Como el epígrafe de la colección indicaba, Cernuda no ve su deseo como único o individual, contrariamente a lo que Ruiz Silva cree, sino que él mismo se percibe como uno más, sujeto a la lucha de saberse dividido e impotente. También dijimos al principio que las imágenes cósmicas (el mar, el aire, los pájaros) forman unas unidades de representación que contribuyen a la visión mítica de la cual el ángel y el demonio representan las aspiraciones y decepciones humanas, que usa Cernuda para explorar espacios interiores como el deseo o la muerte en vida. La tierra toma en este último poema una dimensión alegórica. Representa la vuelta al seno de la madre después de probar la indiferencia de los humanos.

Este es el único poema que carece de numeración y es también el único donde la entidad femenina, personificada por la "madre tierra", aparece como la mujer en su papel de satisfacer el deseo infantil.[47] El mito clásico nos da a

----

[47] En "Las islas" de *Vivir sin estar viviendo* la mujer aparece como amante; es la mujer pública cuya misión es satisfacer el deseo carnal.

Dionisio reconociendo a su madre, Semele, al reconocerse a sí mismo como hombre, no únicamente como dios. Es también el mito de Cibeles y Atis, de tipo incestuoso. Es además el poeta volviendo a la poesía, única fuente de sueños y alegrías cuando el mundo le falla. Vuela a la naturaleza mítica, "verde sonrisa", que constituye el universo del poeta como solución a "un afán que nada satisface". Es además el reconocimiento tácito de que el deseo no está en nosotros, sino que es externo, es como la imagen de Narciso en el agua, enfrente, sonriéndonos, como Cupido al lanzar sus flechas, e imposible de abarcar:

> Esperé un dios en mis días
> Para crear mi vida a su imagen
> Mas el amor, como un agua,
> Arrastra afanes al paso.

Y así quiere mostrar la vacuidad del deseo que nos lanza hacia las cosas para después perderlas o perdernos:

> Soy eco de algo;
> Lo estrechan mis brazos siendo aire,
> Lo miran mis ojos siendo sombra,
> Lo besan mis labios siendo sueño.
> (III, "Esperé un dios en mis días" PC 152)

En el mito de Faetón la madre tiene un papel importante en guiar al hijo hacia Febo (la luz). Cernuda, además, al usar imágenes de tipo cósmico en esta colección, como la luna, las estrellas, el mar, nos lleva en este último poema hacia la sabiduría final que simboliza la tierra, arquetipo de la Gran Madre. Según Jung la madre representa el ansia de conseguir redención, el paraíso y la Jerusalén Divina, por eso al invocarla, uno desea protección. Sus cualidades son las de autoridad mágica y transcendencia espiritual, sus símbolos entre otros, la tierra, el cielo, los bosques, el mar, la luna, las aguas tranquilas. Sin embargo, también el arquetipo tiene un efecto negativo y estos símbolos pueden significar lo malo y lo desfavorable (Jung, *Col. Works* 9: 81-82). Es un símbolo ambivalente, lo mismo que Eros.

El poema comienza reconociendo la grandiosidad de la tierra, universo donde se desenvuelven los humanos. Se dirige a ella con un apóstrofe que representa el sentir de aquél que, de pronto, se da cuenta de su incapacidad:

> Yo no te conocía, tierra;
> Con los ojos inertes, la mano aleteante,
> Lloré todo ciego bajo tu verde sonrisa,
> Aunque, alentar juvenil, sintiera a veces
> Un tumulto sediento de postrarse,
> Como huracán henchido aquí en el pecho;
> Ingnorándote, tierra mía,
> Ignorando tu alentar, huracán o tumulto,
> Idénticos en esta melancólica burbuja que soy yo
> A quien tu voz de acero inspirara un menudo vivir.

El tiempo pasado nos sitúa en la narración, *DHO* contradictoriamente a lo que su nombre indica, es una colección sobre el recuerdo. Pero no es el recuerdo de traer al presente aconteceres pasados, es el recuerdo que implican los tiempos verbales de la narración (el lenguaje), la historia, sin embargo, queda sumida en el olvido. Es un recuerdo del deseo a lo que el mito da forma. A través de las palabras del hablante se nos da la transformación del héroe, símbolo del ser. Aquel ser original, completo, que fue atravesado por las "alas de acero" de Eros llega aquí, después de una prueba donde su ignorancia le colocó en el terreno del vencido, a unas conclusiones nuevas. Es el héroe caído o ángel caído, en vez del triunfador. Al contrario que el triunfador, ha aprendido algo de sí mismo y del mundo:

> Bien sé ahora que tú eres
> Quien me dicta esta forma y este ansia;
> Sé al fin que el mar esbelto,
> La enamorada luz, los niños sonrientes,
> No son sino tú misma.

Recoge aquí los símbolos introducidos en poemas anteriores, "el mar esbelto", refiriéndose al amante, "la enamorada luz", refiriéndose al hablante, los niños, imagen del deseo de aspirar a aquello que se desconoce pero que se juzga, en la propia ignorancia, tangible, como los mitos de Ícaro y Faetón demuestran, ambos niños. No es difícil pues reconocer que esta "tierra" es una representación arquetípica de la madre, del anhelo de volver a lo conocido después de probar los desengaños "del mundo insaciable". El hablante es como el hijo pródigo que vuelve al seno de la iglesia —madre también—, de los verdaderos valores. Con la excepción de que Cernuda no implica el bien y el mal, sino la vuelta a su unidad primordial, después de haber sido dividido por el deseo del otro. Reconoce que el amor es como un dios (Eros) por lo tanto inalcanzable a nivel de la "burbuja que soy yo":

> El amor no tiene esta o aquella forma,
> No puede detenerse en criatura alguna,
> Todas son por igual viles y soñadoras.
> Placer que nunca muere,
> Beso que nunca muere,
> Sólo en ti misma encuentro, tierra mía.

La tierra se ve aquí como la madre o la diosa que se digna ofrecer sus favores; éstos siempre satisfacen, son

eternos. Se contempla aquí casi como una relación inces-
tuosa entre el hablante y la tierra que trae el mito de Atis
y Cibeles. El joven Atis en *Las metamorfosis* expresa su fe
a la "madre de los dioses" castrándose a sí mismo por
haber desobedecido el voto de castidad que le había prometido (Ovidio 2: 441). En el poema puede observarse
también esta actitud de castración, un abandono del
amor de los hombres para volver al amor de la tierra:

> Nimbos de juventud, cabellos rubios o sombríos
> Rizosos o lánguidos como un primavera,
> Sobre cuerpos cobrizos, sobre radiantes cuerpos
> Que tanto he amado inútilmente,
> No es en vosotros donde la vida está, sino en la tierra,
> En la tierra que aguarda, aguarda siempre
> Con sus labios tendidos, con sus brazos abiertos.

La tierra se ve ahora como la diosa que exige que el
culto se dedique sólo a ella, por lo cual la ambigüedad de
la figura maternal que indica Jung se transluce en el verso.
La divinidad se oberva como garantía de su poder:

> Dejadme, dejadme abarcar, ver unos instantes
> Este mundo divino que ahora es mío,
> Mío como lo soy yo mismo,
> Como lo fueron otros cuerpos que estrecharon mis brazos.

Reconocer el poder de la naturaleza es ambivalente también. Por un lado uno se somete a su belleza, al mito de
percibir la tierra como nodriza, como amante, pero esta
percepción implica el abandono de la individualidad para aceptar que se es una extensión simplemente de una
voluntad ajena, el deseo, que pertenece a la tierra-diosa.

Esto implica que la figura femenina es conflictiva en
la obra de Cernuda, pero no sólo ésta sino que el mundo,

las relaciones, y sobre todo el amor, presentan siempre una cara oscura. El poeta usa el símbolo de la arena que más gráficamente explica esta idea. La arena es imposible de retener, se escapa de las manos, como el deseo:

> Como la arena, tierra,
> Como la arena misma,
> La caricia es mentira, el amor es mentira, la amistad es
> mentira.
> Tú sola quedas con el deseo,
> Con este deseo que aparenta ser mío y ni siquiera es mío,
> Sino el deseo de todos,
> Malvados, inocentes,
> Enamorados o canallas.

En los dos últimos versos los hombres se comprenden en su dualidad esencial, lo mismo que el amor, "ángel terrible", del primer poema. Tienen la capacidad de ser en sí mismos "malvados, inocentes,/Enamorados o canallas", y el hablante al parecer, desgraciadamente es uno más, su deseo es "el deseo de todos". El poema termina con la misma sensación del "olvido", vaciedad interior:

> Tierra, tierra y deseo
> Una forma perdida.
> (PC 168-69)

En los dos últimos versos el hablante comprende la inaccesibilidad del objeto del deseo a nivel real y termina por someterse al poder de Eros y a la infinidad del hombre para ponerse a su altura, quedando el deseo hecho lenguaje, el mito. En "Los fantasmas del deseo" se nos da la decepción del deseo, pero ahora con un conflicto más. La tierra que al principio constituyó el lugar sólido de donde venía este deseo inalcanzable es asímismo "forma", como el deseo, "una

forma perdida". ¿Qué quiere decir con esto? Su propia vaguedad nos permite señalar lo que a nosotros nos parece
más obvio. La primera invocación a la tierra nos coloca ante
el lenguaje del deseo como ante una experiencia religiosa.
Según Ernst Cassirer "The fact that all verbal estructures
appear as *also* mythical entities, endowed with certain
mythical powers, that the Word, in fact, becomes a sort of
primary force, in which all being and doing originate", presupone que nuestra conciencia está organizada de acuerdo
con un proceso mítico-religioso.[48] En *DHO* la experiencia
erótica se observa como la experiencia del "dios momentáneo". Pero la plegaria a la madre no tiene función más que
dentro del universo mítico del poeta, creado por el propio
lenguaje. Es éste el que puede despertar lo sagrado del deseo en el lector, llevado de la mano del hablante.

En conclusión, las dos colecciones en las que la imagen toma un decidido corte surrealista, *Un río, un amor* y
Los placeres prohibidos, representan la experimentación de
Cernuda con unas formas de expresión donde, por virtud de la unión de imágenes violentas, el lenguaje crea
nuevos mitos que posibilitan la expansión del significado. El deseo en confrontación con la sociedad es el tema
principal de estos dos libros. La violencia que se desprende de la imagen revela el sufrimiento provocado por
la negación de las demandas del deseo. Aunque este tema se continúa en *DHO*, ni la imagen ni su significado
pueden verse en términos tan categóricos. Se observa el
dolor del deseo, pero hay una aceptación, por lo que la
lucha se sustituye por una forma de meditación donde la
antítesis lleva al lector a comprender el efecto negativo
del deseo en términos reales, pero se presenta la solución
del deseo a nivel del lenguaje, a nivel del mito. Hay por

---

[48] Cassirer 44-45.

tanto una fluctuación entre la realidad y el mundo del deseo, creada por el universo poético del autor.

En el siguiente capítulo se verán los poemas en prosa de *Ocnos* con una referencia mínima a *Variaciones sobre tema mexicano*, segunda colección de poemas en prosa escrita por Cernuda. La elaboración de un universo mítico que es el tiempo pasado, recreación del propio poeta, es la imagen del deseo. Se concede un valor a la realidad experimentada en épocas anteriores que se compara con el mito de la edad dorada.

Capítulo IV

Tiempo, deseo y mito en *Ocnos*

En el Capítulo II indicamos que, desde un principio, le preocupa a Cernuda de manera especial el quehacer poético. Mucha de su obra puede leerse como una serie de preceptos que, a los ojos del poeta, son necesarios para que se produzca la poesía. *Ocnos* y su secuela, *Varinciones sobre tema mexicano*, recogen muchos de estos preceptos, dispersos en sus poemas. En *Ocnos* y, de manera menos directa, en *Variaciones* Cernuda expone el significado que para él tiene la poesía lo mismo que el ser poeta. La existencia para Cernuda se desarrolla en un plano cuyas coordenadas son el deseo y el tiempo. Éste impone unos límites al deseo que fuerzan al poeta a meditar sobre el pasado en relación al presente, a la luz de la necesidad de la poesía, o dicho de otro modo, la necesidad del mito. En el presente capítulo se verá la relación que existe entre tiempo, deseo y mito en la poesía en prosa de Cernuda.

Primero queremos ocuparnos del poema en prosa como género. Cernuda mismo indica que este tipo de poema "no es de tradición española, ni apenas cultivado entre nosotros... no obstante" su forma "se impuso fatalmente a L. C. [*sic*] como adecuada y necesaria" (*PRC* 1464). Esta cita proviene de la nota que el autor acompañó a la tercera edición de *Ocnos* que se publicó en Xalapa (México) en 1963.

Hay tres ediciones de *Ocnos*, distintas entre ellas. La primera de Oxford, 1942. El segundo *Ocnos*, al que se añaden nuevos poemas y se cambia el orden de los que aparecieron en el primero, es de Madrid, 1949. El último *Ocnos* se publicó póstumamente y también fue aumentado y modificado por el autor. Se usará aquí esta última edición.

No es en 1940 (fecha de iniciación de *Ocnos*, según el autor) cuando se le impone a Cernuda esta forma. En revista pública piezas como "El indolente" (1926), "Huésped eterno" (1928) que son poemas en prosa, aunque de tema distinto a *Ocnos*; en *LPP* compone 8, de los 26 poemas que forman la colección, en prosa. El poema en prosa era una de las formas queridas a los surrealistas, y los de *LPP* se consideran unos de los mejores poemas en prosa escritos por Cernuda. Durante el influjo del movimiento surrealista Aleixandre escribe *Pasión de la tierra*, en prosa poética, Hinojosa, *La flor de California*; Alberti, *Poemas de Punta del Este*. Por lo tanto la afirmación de Cernuda de que es un género "apenas cultivado" en el suelo español no es del todo correcta. A esto podemos añadir las *Leyendas* de Bécquer, reminiscentes del poema en prosa, *Platero y yo* de Juan Ramón Jiménez, escrito bajo la influencia modernista, y las *Impresiones y paisajes* de Lorca como antecedentes cercanos al tiempo de Cernuda.

James Valender, que estudia *Ocnos* desde la perspectiva de la poesía de la meditación, dice que el surgimiento de este género hay que atribuirlo a los románticos.[1]

---

[1] James Valender, *Cernuda y el poema en prosa* (London: Tamesis Books, 1984).

Efectivamente es así, pero Valender olvida extenderse y explicar a qué románticos, los alemanes, los ingleses, los franceses, los españoles, ya que, como es sabido, el movimiento tiene carácter distinto al cambiar de suelo.

Con Michael Benedikt estamos de acuerdo en afirmar que el poema en prosa se origina como género con Charles Baudelaire. Dice Baudelaire en la dedicación a Arsene Houssaye que encabeza su colección, *Petits poémes en prose*:

> Quel est celui de nous qui n'a pas, dans ces jours d'ambition, revé le miracle d'une prose poétique, musicale sans rythme et sans rime, assez souple et assez heurtée pour s'adapter aux mouvements lyriques de l'âme, aux ondulations de la rêverie, aux sobresauts de la conscience?[2]

Benedikt, refiriéndose a esta cita, extrae lo que él llama "'selfconscious' poet —a habit of mind that is generally regarded as the basic stamp of the modern poet" y que resulta de una confrontación entre el consciente y el incosciente,[3] que es la intención que el autor de "Le Spleen de Paris" tenía en mente. La intención del poeta en buscarse a sí mismo en lo más recóndito de su ser. por lo tanto, del inconsciente. La intención de Cernuda en *Ocnos* y *Variaciones* es volver sobre sí mismo y recuperar el pasado, tanto temporal del existir como atemporal, incluso anterior a la memoria:

---

[2] Charles Boudelaire, *Oeuvres completes* (Paris: Robert Laffont, 1980) 161.

[3] Michael Benedikt. "Introduction", *The Prose Poem: An International Anthology* (New York: Dell Publishing Co., 1976) 44. Se incluyen en esta antología seis poomas de Cernuda traducidos al inglés.

¿De qué oscuro fondo brotaban en él aquellos pensamientos? Intentaba forzar sus recuerdos, para recuperar conocimientos de dónde, tranquilo e inconsciente, entre nubes de limbo, le. había tomado de la mano Dios, arrojándole al tiempo y a la vida.

(O yV 9)

Por esta razón en el primer *Ocnos* que correspond e, en general, a vivencias de su infancia y juventud, la recuperación se efectúa a través del niño-arquetipo que también comprende al niño-adolescente. Los poemas del segundo *Ocnos* ya abundan en expresiones estéticas y filosóficas del poeta-hombre, lo mismo que el tercer *Ocnos*. Este volver sobre sí mismo no tiene un carácter anecdótico. Muy al contrario, lo que extrae de su niñez, juventud y madurez son momentos que sirven como entrada al espacio interior del poeta, que le sirven a él —y al lector— para explorar las causas de su existencia en el mundo, como poeta primero y como hombre, y su transcendencia con respecto a una realidad superior, cuya exploración, a nuestro ver, es lo más destacado de *Ocnos*. Es fácil comprender que para la exploración de una realidad de tipo numinoso el autor ha de moverse en el terreno del mito, puesto que los trozos de experiencia vividos ya no costituyen un momento presente, y como dijimos, el tiempo contemplado desde el presente, según Eliade, es un tiempo mítico, por el deseo humano de repetirlo at infinitum, lo cual puede hacerse a través del medio artistico o del medio religioso —el rito. Artísticamente, el poema en prosa es más adecuado para trasmitir, como dice Baudelaire, "los movimientos del alma, las ondulaciones del sueño y los sobresaltos de la conciencia" que el poema en estrofas, donde el poeta debe someterse a la rigidez del esquema trazado.

Benedikt indica, y nosotros también lo creemos, que Wordsworth y Coleridge son pioneros en el desarrollo de este tipo de prosa.[4] Cernuda, al llegar a Inglaterra en 1938, aunque ya conocía la obra de los romanticos ingleses, se dispone a leerlos entonces en su lengua y nos dice en "Historial de un libro" que la influencia de la poesía inglesa le hizo cambiar su concepción poética anterior a esta lectura (*PRC* 1040).[5] En el *Prefacio* a la segunda de las *Lyrical Ballads* dice Wordsworth:

> "... The language of Prose may yet be well adapted to Poetry,... a large portion of the language of a very good poem can in no respect differ from that of good Prose.[6]

Bien es sabido que Wordsworth deseaba una poesía, desprovista de artificio que permitiera "the spontaneous overflow of powerful feelings" para lo cual debería reflejar, en lo posible, el "languaje really spoken by mell... Such poetry... will entirely separate the composition from the vulgarity and meanness of ordinary life".[7] De manera que ya apela al contenido que transciende la conciencia, al internarse en otra región más allá de "the vulgarity and meanness of ordinary life", que es también lo que persigue Cernuda al hacer una evocación de su pasado, con un lenguaje casi coloquial: extraer los momentos transcendentales, precisamente para destruir la

---

[4] Benedikt 48.

[5] Esta influencia la formalizó más tarde en *Pensamiento poético de la lírica inglesa* (1957), donde escribe ensayos sobre los románticos y algunos poetas victorianos.

[6] Willian Wordsworth, "Preface to Lyrical Ballads, with Pastoral and Other Poems", en *William Wordsworth: The Poems*, 2 vols. (New Heaven: Yale Univ. Press, 1977) 1: 875.

[7] Wordsworth, "Preface" 876.

monotonía y vulgaridad de su vida presente. El propio
autor dice:

> Hacia 1940 y en Glasgow (Escocia), comenzó L. C. a
> componer *Ocnos*, obsesionado entonces con recuer-
> dos de su niñez y primera juventud en Sevilla, que
> entonces, en comparación con la sordidez y fealdad
> de Escocia, le parecían como merecedores de con-
> memoración escrita...[8]
>
> (*PRC* 1464)

Fue Wordsworth el que dijo: "el niño es el padre del
hombre", frase que recoge Cernuda en "Historial".
Wordsworth y Coleridge escribieron conjuntamente las
Lyrical Ballads, y la *Biographia Literaria* de Coleridge se
ocupa de dar un recuento teórico de su trabajo y del que
hizo con Wordsworth, en particular de exponer su teoría
de lo que entiende por imaginación. Kevin J. Bruton en
su artículo, "Luis Cernuda's Poetry and Coleridge's
Theory of Imagination", discute la importancia que ésta
tuvo para la composición de los poemas *Como quien espe-
raba el alba*.[9] No deja de apuntar Bruton que la teoría de
Coleridge fue reveladora para Cernuda, como el mismo
autor ya nos ha dicho en "Historial". "Cernuda... takes
up Coleridge's Theory of Imagination and its central te-
nets and develops it into his own poetic theory". La dis-
tinción entre "Fancy" e "Imagination" la traduce Cernu-

---

[8] Cernuda salió de España hacia finales de la Guerra Civil española, la cual aborrecía por causarle gran dolor. No volvió nunca más.
Después del triunfo franquista se exilió primero en Inglaterra, después en EE. UU. y finalmente en México, donde murió en 1963.

[9] Kevin I. Bruton, "Luis Cernuda's Exile Poetry and Coleridge's
Theory of Imagination", *Comparative Literature Studies* 21. 4 (1984) 384.

da como "fantasía" e "imaginación". Para Coleridge, "Imagination is a creative and vital process which animates perception of reality, whereas Fancy 'on the contrary, has no other counters to play with but fixities and definities. '"[10] Como percepción, Coleridge define bilateralmente la imaginación:

> Primary Imagination is integrative, poetic, and necessarily correlated with feeling. It is creative activity in which images, ideas, and feelings arc fused and blended by the mind. Secondary (or poetic) Imagination works by breaking down and the refashioning original perceptions, to re-present the common universe so that we see it as if for the first time.[11]

Es este modo segundo de operar de la imaginación el que vemos en *Ocnos* y, según Bruton, también en *CQEA*. Escritos entre 1941 y 1944, los poemas de *CQEA* son contemporáneos con los del primer y segundo *Ocnos*, por lo que la influencia de Coleridge se hace también evidente. "El brezal" comienza así:

> Mira, este es el brezal. Allá en la niñez lo prefiguró tu imaginación, no dudando... que el brezal fuese sino como tú lo creaste, con aquella mirada interior que puebla a la soledad, visto así definitivamente. En las páginas de un libro te sorprendió la palabra, y de ella te enamoraste, asociándola con las ráfagas del viento y de la lluvia por un cielo nórdico desconocido.
>
> (*O y V* 65)

---

[10] Bruton 385.
[11] Bruton 388.

La aureola mítica que rodea a la palabra, "brezal", la impone con "las ráfagas del viento y de la lluvia por un cielo nórdico desconocido", por la relación afectiva que su sentimiento, "enamorado", le hace percibir en la palabra. El poema comienza con la exhortación, "Mira". En el poema "Los espinos" de *CQEA* dice:

> Antes que la sombra caiga,
> Aprende como es la dicha
> Ante los espinos blancos
> Y rojos en flor. Ve. Mira.
> (*PC* 31 8)

En ambos poemas, cuya similitud no sólo se halla en los arbustos que nombran sus títulos, la mirada interior es más importante que la mirada física. De aquí el contraste que se establece en el segundo poema entre "Ve", acción física, y "Mira", acción espiritual. Dice Bruton que en Cernuda, "mirar", "la mirada", es "an active, concentrated perception involving the whole of the perceiver, senses, and espirit, in the experiencie".[12] Esta es la misma percepción que quiere describir en *Ocnos* para lo cual usa al niño que en sí epitomiza el poder cósmico de esta penetración en las cosas como un éxtasis que después ha de perderse, al menos en intensidad, al pasar el tiempo. A este respecto las siguientes palabras de Coleridge parecen de todo punto reveladoras:

> The fine balance of truth in observing, with the imaginative faculty in modifying the objects observed; and above all the original gift of spreading the tone, the atmosphere, and with it the depth and height of the ideal

---

[12] Bruton 388.

world around forms, incidents, and situations, of
which, for the common view, custom had bedimmed all
the lustre, had dried up the sparkle and the dew
drops.[13]

Esta es la labor que hace Cernuda en *Ocnos*, y si no es
exactamente la misma, pertenece a la misma categoría,
ya que Cernuda crea una "atmósfera", y además un
mundo ideal (mítico), el que reina, desapercibido, en los
objetos, a los cuales la visión común ha desprovisto de
"lustre" y arrebatado "la chispa y las gotas de rocío". En
el primer poema de *Ocnos*, "La poesía", Cernuda nos dice algo parecido:

> ... El sonido del piano llenaba la casa... mientras el res-
> plandor vago de la luz... me aparecía como un cuerpo
> impalpable, cálido y dorado, cuya alma fuese la música.
> ¿Era la música? ¿Era lo inusitado? Ambas sensacio-
> nes, la de la música y la de lo inusitado, se unían en mí
> dejando una huella que el tiempo no ha podido borrar.
> Entreví entonces la existencia de una realidad diferente
> de la percibida a diario, y... sentía cómo no bastaba a
> esa otra realidad el ser diferente, sino que algo alado y
> divino debía acompañarla y aureolarla.
>
> (*O y V* 5)

Volviendo a Coleridge, en un artículo aparecido en
The Friend (1809), dice que las *Lirycal Ballads* tenían el
propósito de "To carry on the feelings of childhood into
the powers of manhood; to combine the child's sense of
wonder and novelty with the appearances which every

---

[13] Samuel Taylor Coleridge, *Biographia Literaria* (London: J. M.
Dent & Sons, 1906) 45.

day, for perhaps forty years, had rendered familiar". Coleridge ataca así el paso del tiempo que convierte en cotidiano lo que en un momento fue divino. Cernuda igualmente lucha contra el tiempo creando un momen to privilegiado, rodeándolo de la aureola divina, sagrado en el recuerdo como en "Mañanas de verano":

> Cuánta gracia tenían formas y colores en aquella atmósfera... Ya era el puesto de frutas... sobre las que imperaba la sandía, abierta a veces monstrando adentro la frescura rojo y blanca. O el puesto de cacharros de barro... con tonos rosa y anaranjado en panzas y cuellos. O el de los dulces... que difundían un olor almendrado y meloso de relente oriental.

Obsérvese con qué halo mágico se rodean los objetos más comunes de la experiencia cotidiana. La misma palabra "cacharros" es bien común y hasta connota lo insignificante. Y sin embargo, a través de los ojos del niño, estos objetos comunes están desrealizados hasta formar parte de una leyenda. La reverencia ante lo recién descubierto se expresa con más intensidad en las siguientes líneas del poema:

> ... Flotaba un aire limpio y como no respirado por otros todavía, trayendo consigo también algo de aquella misma sensación de lo inusitado... que embargaba el alma del niño... Un gozo que ni los de la inteligencia luego, ni siquiera los del sexo, pudieron igualar ni recordárselo.
>
> (O y V 19-20)

El niño aquí tiene el poder de vivir el mundo como ningún otro, lo cual le coloca en el terreno mítico.

En la introducción a la *The Prose Poem: An International Anthology* que reúne a autores como Baudelaire,

Rimbaud, Eliot, Borges, Cortázar, Benedikt lo define de
la siguiente manera:

> It is a genre of poetry self-consciously written in prose,
> and characterized by the intense use of virutally all the
> devices of poetry, which includes the intense use of
> devices of verse. The sole exception to acces to the pos-
> sibilities, rather than the set priorities of verse is, we
> would say, the line break.[14]

Este género de poesía, según Benedikt, tiene su propia
lógica interna que utiliza con mucha frecuencia la analogía y la metáfora como formas que son el centro de su estructura. También se apoya en la repetición rítmica y tiene, según Benedikt, metro y rima, "not necessarily strict
rhyme or meter, even as it appears in 'free' verse, but
rhyme and meter nevertheless... developed through Tthe
poem in rythmically echoing strophes-musical passages,
as opposed to lines". Por lo tanto, modifica los elementos
característicos del verso, pero no los abandona.[15]
    En la prosa poética de Cernuda pueden encontrarse
todos estos elementos con mayor o menor intensidad:
repetición cadencial, rima, y musicalidad. La cuestión
del metro nos parece que Benedikt no la explica adecua-
damente y se nos hace difícil ver un poema en prosa con
números correlativos de sílabas en sus palabras. Esto
bastaría para forzar la definición de Baudelaire quien,
precisamente, deseaba esta libertad para dejar fluir su
ser interior, sin limitarlo con la estructura tradicional del
verso. Creemos, sin embargo, que Cernuda usa constan-
temente la analogía y la metáfora. El uso del símil con

---

[14] Benedikt 47.
[15] Benedikt 47

"tal" es constante; las analogías sensoriales para tener acceso a la memoria bastante frecuentes.

Existen dos monografías en torno a *Ocnos*, la ya mencionada de Valender, *Cernuda y el poema en prosa* es la más interesante pues aplica la teoría de Louis Mertz, *The poetry of Meditation*, al poema en prosa de Cernuda, ya que éste representa una reflexión sobre el tiempo que requiere el empleo de la memoria, el entendimiento y la voluntad, y se elabora con momentos importantes de comunicación y presentimiento de la divinidad.[16] No obstante, Cernuda, comenta Valender, elimina la última de estas facultades como si no quisiera imponer al lector su voluntad. Sin embargo "el tema del poema [lo finito y lo infinito; tiempo y eternidad; cuerpo y alma; forma y materia] queda implícito desde un principio. Al hacerse explícita esta relación en las últimas líneas del poema, sentimiento y pensamiento, como en la mejor poesía meditativa se unen".[17] El libro de Manuel Ramos Ortega, *La prosa literaria de Luis Cernuda: El libro **Ocnos***, por querer abarcar demasiado: *Variaciones*, *Ocnos* y *Tres narraciones*, aunque se concentra en *Ocnos*, resulta en un trabajo demasiado general. En relación con el mito el estudio más interesante, aunque limitado por tratarse de un artículo, es "Lo mítico, una nueva lectura de *Ocnos*" de Patricia Pinto. Explora la autora, en parte solamente, "la presencia de una profunda veta mítica que subyace en el mundo poético" que vemos en *Ocnos*. "Es este núcleo mítico arquetípico el que determina buena parte del sentido de *Ocnos* y que, por ende, su estudio constituye un aporte indispensable para la adecuada comprensión

---

[16] Valender 38.
[17] Valender 40.

del texto".[18] Pinto elabora sobre el arquetipo del "prestigio de los orígenes", del cual el libro es una manifestación, al volver el autor sobre sus pasos concediendo una importancia capital a las vivencias del niño, estableciendo un contraste entre aquel tiempo de gozo inagotable y la fealdad de la realidad temporal a la que se encuentra uno sometido.[19]

Se pueden observar varios arquetipos, demostrables a lo largo de ambas colecciones en prosa, *Ocnos* y *Variaciones*, por lo que un estudio mucho más amplio se necesita, como dice Pinto, para un escrutinio adecuado del texto. Al contar aquí con un espacio limitado se verá sólo el niño como arquetipo y el arquetipo de las edades del hombre, que nos parecen los más destacados por su recurrencia en *Ocnos*, y además por su conexión lógica con la percepción del paso del tiempo que es lo que motiva, en parte, la escritura de *Ocnos*, y según explica Cernuda, ésta se le impuso como exorcismo del recuerdo (*PRC* 1464). Al entrar en la memoria entramos en el tiempo.

Como *DHO*, *Ocnos*, comienza con un epígrafe, de la misma naturaleza que los poemas en prosa que le siguen, donde el mito de *Ocnos*, que Cernuda extrajo de Goethe,[20] se presenta como símbolo del tiempo. Al menos esto es lo que dice el propio autor, y los críticos, como es práctica común, corean las mismas palabras del poeta. Ramos Ortega denomina al "tiempo", en *Ocnos*, "antagonista simbólico",[21] ya que se empeña este crítico

---

[18] Patricia Pinto, "Lo mítico, una nueva lectura de *Ocnos*", *Acta Literaria* 6 (1981) 120.

[19] Pinto 133-138.

[20] El autor reproduce en alemán el texto de donde tomó el nombre de su colección. "Oknos" aparece en *Polygnots Gemälde in der Leshe zu Delphi*.

[21] Ramos Ortega 199.

en ver una trama en toda la obra, lo cual nos parece que
es ver la prosa poética como prosa narrativa. Aunque
haya *flashes* de la vida infantil de Cernuda, la obra completa que concibió el autor, publicada en 1963, es una
obra que consta de 63 poemas en prosa, es decir, sin líneas y metro fijo, pero con rima y ritmo y con imágenes
iguales a las que constituyen un poema en versos, y sobre todo con temas muy diversos, aunque puedan distinguirse "personajes" no son como los tradicionales de
la narrativa, sino *personae* que adquiere el poeta para
objetivar sus sentimientos. Dice el epígrafe:

> Cosa natural era para *Ocnos* trenzar sus juncos como
> para el asno comérselos. Podía dejar de trenzarlos, pero
> entonces, ¿a qué se dedicaría? Prefiere por eso trenzar
> los juncos, para ocuparse en algo; y por eso se come el
> asno los juncos trenzados, aunque si no lo estuviesen
> habria dc comérselos igualmente. Es posible que así se-
> pan mejor, o sean más sustanciosos. Y pudiera decirse,
> hasta cierto punto, que de ese modo *Ocnos* halla en su
> asno una manera de pasatiempo.
> (*O y V* 3)

El asno es la figura que alegoriza el tiempo según los
críticos. *Ocnos* ilustra un tema cernudiano poco explorado: el ocio, que para el poeta es mítico, es decir inalcanzable. Pero él piensa que el ocio es conductivo a la
creatividad. Por eso *Ocnos* "trenza los juncos", embelle-
ce con ellos su espacio único y privilegiado. Este espacio se corresponde con el espacio infantil donde la idea
del trabajo utilitario, asalariado, es inconcebible. Por
otro lado el tiempo, por ser fuerza cósmica, fuerza por
lo tanto ciega e indiscriminatoria, es indiferente al enra-
mado de los juncos, se los come de todos modos, aunque al poeta le queda la ilusión de que los juncos tren-

zados, metáfora para designar la obra poética, "sean
más sustanciosos".

En este epígrafre, Cernuda nos da los temas que po-
blarán el primer *Ocnos* —31 poemas—: el mundo del niño y su valor simbólico para el hombre maduro; la edad
dorada (el ocio) y su abandono al entrar en las sucesivas
etapas, es decir, el paso del tiempo ilustrado por el asno
que "come los juncos", simbólicos del quehacer poético,
que es al fin y al cabo la vida del poeta, a quien Cernuda,
según Jaime Gil de Biedma, representa con el mito de
Marsias, el flautista rival de Apolo.[22] En todos estos mitos, se encierra la nostalgia de lo deseado, puesto que en
el cogollo de todos se halla de decepción del tiempo,
después de haber subido, en la edad dorada, a un estado
mítico en alas del deseo. Al edén o el jardín de la infancia arquetípica sucede la caída en el mundo displicente
de la guerra o el destierro. A la edad dorada o niñez sigue la juventud, edad de plata, que se ve como crisis
primera del deseo. La madurez, edad de bronce, se ve
como pérdida. La conciencia de la muerte aparece con la
edad de hierro. Es la irrupción del tiempo la fuerza que
se opone a la realización de lo deseado, de lo soñado en
la infancia con ojos abiertos, la conciencia del tiempo la
que da pie al mito de las edades.

Cernuda, con este epígrafe, quiere abrir la puerta hacia lo mítico puesto que ve la realidad recreada de tipo
simbólico al filtrarla a través de su "yo" como una experiencia de tipo religioso (numinoso). En sus "Journeaux
intimes", que también creemos influenciaron a Cernuda,
dice Baudelaire:

---

[22] Jaime Gil de Biedma, "Luis Cernuda y la expresión poética en
prosa", *Ocnos y Variaciones* xv.

> Dans certains états de l'ame presque surnaturels, la pro-
> fondeur de la vie se révele tout entière dans le spectacle,
> si l'ordinaire qu'il soit, qu on a sous les yeux. Il en de-
> vient le symbole.[23]

Por ejemplo, "El magnolio", entre otros poemas, se dedica a la transformación fuera del tiempo, tiempo sagrado, de una experiencia común —la contemplación de un árbol en flor— en una experiencia simbólica que revela una profundidad más allá de nuestra limitación temporal, que solamente en condiciones favorables —"casi sobrenaturales" — puede manifestarse:

> Aquel magnolio fue siempre para mí algo más que una
> hermosa realidad: en él se cifraba la imagen de la vida.
> Aunque la deseara de otro modo, más libre, más en la
> corriente de los seres y de las cosas, yo sabía que era
> precisamente aquel apartado vivir del árbol, aquel flo-
> recer sin testigos, quienes daban a la hermosura tan alta
> calidad. Su propio ardor lo consumía, y brotaba en la
> soledad unas puras flores, como sacrificio inaceptado
> ante el altar de un dios.
>
> (*O y V* 29)

A través de la contemplación de este objeto el hablante se sitúa ante lo sagrado, sin adherirse a ningún culto específico. Nos da una analogía, "como sacrificio inaceptado ante el altar de un dios", para hacernos ver la perspectiva en que se encuentra uno enfrente del cosmos. El árbol es, como el que lo contempla, una unidad frente a una vastedad, "la corriente de los seres y de las cosas", que produce, aunque no se quiera, la angustia de sentirse "en sole-

---

[23] Baudelaire 395

dad". Trae el sacrificio como único modo de obliterar esa sencillez para ponerse en contacto con esta divinidad que percibe, que, por otro lado, permanece indiferente.

El niño-arquetipo es el símbolo más importante de *Ocnos*, tanto de la primera edición, como de las dos siguientes. Adquiere éste un valor transcendental en el sentido de que su percepción del universo es la única y sagrada. Lo que nos hace ver Cernuda, sin embargo, es que el niño no tiene conciencia clara de esto. Es el hombre/mujer después quien se da cuenta consciente de ello. En esta inocencia primordial estriba precisamente el valor del niño como arquetipo. De la mano del niño-arquetipo el lector entra en la inconciencia ancestral. Para Jung, basándose en interpretaciones religiosas medievales, el niño no era entonces simplemente una figura tradicional "but a vision spontaneously experienced (as a so-called 'irruption of the unconscious')".[24] La figura arquetípica del niño da unidad a la colección, o mejor dicho, la percepción de lo visto por primera vez, como con ojos infantiles, es la que constituye el núcleo poético de *Ocnos*, y que Cernuda, como hemos visto, comunica por medio de la analogía, imagen que convierte una determinada realidad en mito, ya que, recordando las palabras de Barthes, ilustra con un segundo lenguaje lo que se dice con el primero, como se aprecia en el siguiente pasaje:

> Comenzaba el órgano a preludiar vagamente, dilatándose luego su melodía hasta llenar las naves de voces poderosas, resonantes con el imperio de las trompetas que han de convocar a las almas en el día del juicio.
> ("La catedral y el río". *O y V* 23)

---

[24] Jung, *Psyche and Symbol*, ed. Violet s. Laszlo (Garden City, New York: Doubleday Anchor Books, 1958)121.

Se observa cómo el niño asocia el sonido del órgano
con el poder de la música, que según el mito cristiano
se oirá el día del juicio final. El niño vive en un mundo
creado para él por el "otro", por el lenguaje, por lo tanto
sus asociaciones son de tipo legendario, y que se encuentra en los libros y las leyendas de sus mayores.

Para Jung, "contents of an archetypal character are
manifestations of processes in the collective unconscious". No pueden referirse a nada en particular. No tienen una correspondencia exacta; es imposible apuntar a
lo que se refieren. "Every interpretation necessarily re-
mains an 'as-if'", lo cual, según Jung, quiere decir que el
centro del significado puede ser "circunscrito" pero no
"descrito". En esta circunscripción podemos avanzar en
el conocimiento de la mente inconsciente, que ya se entiende incluso cuando la formación de la personalidad es
todavía incompleta. "We can also observe this preconscious state in early childhood, and as a matter of fact
it is the dreams of this early period that not infrequently
bring extremely remarkable archetypal contens to
light".[25] De acuerdo con esto el niño parece vivir en una
edad dorada donde las limitaciones entre consciencia e
inconscencia no existen. Para hacer partícipe al lector de
este estado, que abandonamos, pasando el tiempo, al
adentrarnos más y más en la conciencia, Cernuda usa el
"como si" para crear una analogía que sitúa al lector en
un estado preconsciente o infantil de su propia experiencia:

> El niño no atiende a los nombres sino a los actos, y
> en éstos al poder que los determina. Lo que en la
> sombra solitaria de una habitación te llamaba desde

---

[25] Jung, *Psyche and Symbol* 115-119.

el muro, y te dejaba anhelante y nostálgico cuando el piano callaba, era la música fundamental, anterior y superior a quienes la descubren e interpretan, como la fuente de quien el río y aun el mar son sólo formas tangibles y limitadas.

("El piano", *O y V* 8)

Piensa Jung que "The child-motif represents the preconscious, childhood aspect of the collective psyche".[26] Cree además que el niño-arquetipo es un símbolo que anticipa "a nascent state of consciousness".[27] En "La naturaleza" Cernuda alegoriza con el nacimiento de una planta el nacimiento paulatino de la conciencia. Para él la conciencia y el deseo crecen conjuntamente:

Tomar un renuevo tierno de la planta adulta y sembrarlo aparte, con mano que él deseaba de aire blando y suave, los cuidados que entoces requería, mantenerlo a la sombra los primero días, regar su sed inexperta a la mañana, y al atardecer en tiempo caluroso, le embebían de esperanza desinteresada.

La "sombra" es la otra cara de la conciencia. En el universo de Jung representa los aspectos oscuros y negativos de la personalidad capaces de hacerse conscientes, es decir, el "inconsciente personal".[28] Al ocurrir en "los primeros días" simboliza la parte inconsciente del niño que todavía experimenta el mundo como paraíso. "Regar su sed inexperta a la mañana", metafóricamente trae los primeros tanteos amorosos, nacimiento del de-

---

[26] Jung, *Psyche and Symbol* 124.
[27] JUng, *Psyche and Symbol* 133.
[28] Jung, *Psyche and Symbol* 6-9.

seo erótico en la juventud. "En tiempo caluroso" se da ya
el deseo del ser maduro, más tarde evocado en el
"atardecer". Todo se contempla desde un estado amable,
preconsciente, en una edad dorada armónica entre ser y
deseo, cuyo resultado es la creación de todo un universo
que corresponde al universo orgánico de la naturaleza.
Es el niño-arquetipo el creador de este universo:

> Qué alegría cuando veía las hojas romper al fin, y su
> color tierno, que a fuerza de transparencia casi parecía
> luminoso, acusando en relieve las venas, oscurecerse
> poco a poco con la savia más fuerte. Sentía como si él
> mismo hubiese obrado el milagro de dar vida, de des-
> pertar sobre la tierra fundamental, tal un dios, la forma
> antes dormida en el sueño de lo inexistente.
>
> (O y V 6)

Es un anhelo del alma únicamente. Ese "como si" hace evidente este mundo descrito como mito, ahora contemplado desde el presente, que es la conciencia del como debería ser en vez del como es, la conciencia del deseo. Es esta misma conciencia la que crea la poesía, como
consuelo a la realidad inexorable:

> Así en el sueño inconsciente del alma infantil, apa-
> reció ya el poder mágico que consuela de la vida, y
> desde entonces así lo veo flotar ante mis ojos: tal
> aquel resplandor vago que yo veía dibujarse en la
> oscuridad, sacudiendo en su ala palpitante las notas
> cristalinas y puras de la melodía.
>
> ("La poesía", O y V 5)

Lo que en la infancia era "resplandor vago", presentimiento de un cuerpo mítico, angelical, "sacudiendo con
su ala palpitante", es ahora "la poesía". Se compara ésta,

por virtud de la mediación de la inocencia "inconsciente" del niño, con la música. Esta última es "cristalina" y "pura" como el alma del niño de donde surge. Es el niño que vibra con la música ancestral del existir quien será más tarde poeta; "desde entonces así lo veo flotar ante mis ojos". Cernuda opina, lo mismo que Baudelaire, que el poeta tiene una percepción distinta del medio en que vive; el poeta está "vivo como pocos, como sólo el poeta puede y sabe estarlo". (*O y V* 20) "... Et vous savez quelle jouissance nous tirons de cette faculté qui rend à nos yeux la vie plus vivante et plus significative que pour les autres hommes", dice Baudelaire en su poema en prosa "Le Corde".[29] Para ambos poetas también es su habilidad en el empleo del lenguaje lo que les ayuda a comunicar al lector esta "jouissance" de la vida. Y precisamente lo que el lector busca en la poesía es descubrir algo de sí mismo y de su mundo que no podría experimentar sin sumergirse en la lectura. Para Cernuda el lenguaje también parece brotar de esta edad dorada en la que vive el niño. Dice en "Pregones", al recrear la fascinación que produce un aroma —aquí del clavel— que no puede nombrarse todavía, pero que "el pregón... lo delató, dándole voz y sonido, clavándolo en el pecho bien hondo, como una puñalada cuya cicatriz el tiempo no podrá borrar". Obsérvese la analogía para hacer evocar al lector, más explícitamente, el efecto de la voz. Lo mismo que la música elemental de "El piano", ésta es la voz fundamental, gutural, que clama a la experiencia primordial e instintiva que une los sentidos (aroma) con el nombre (sonido), aprendizaje imborrable con el paso del tiempo. No nos da Cernuda aquí el lenguaje, sino la necesidad del lenguaje que ata, en su magnitud posible,

---

[29] Baudelaire 192.

al ser con el discurrir del universo. Dice en el primer
poema de *Variaciones*:

> La lengua que hablaron nuestras gentes antes de nacer
> nosotros de ellos, ésa de que nos servimos para conocer
> el mundo y tomar posesión de las cosas por medio de
> sus nombres, importante como es en la vida de todo ser
> humano, aún lo que es más en la del poeta.
>
> (*O y V* 103)

Mientras que en *Variaciones* "la lengua" es también la
que sirve para explicarse a sí mismo, en *Ocnos* la atención se concentra en la experiencia de todo, de manera
numinosa, quedando un sentimiento de veneración ante
lo revelado.

En "Pregones" aparece el mito de las edades del hombre, filtrado a través de la visión personal de Cernuda,
para retratar los varios estadios de la vida humana. En
The Metamorphoses Ovidio las describe así:

> Golden was this first age, which, with no one to compel,
> without a law, of its own will, kept faith and did the
> right. There was no fear of punishment, no threatening
> words were to be read on brazen tablets... After Sa-
> turn... the silver race came in, lower in the scale than
> gold, but of greater worth than yellow brass. Jove now
> shortened the bounds of the old-time spring, and,...
> completed the year in four seasons...
>
> Third came the brazen race, of sterner disposition...
> The age of hard iron came last... Piety lay vanquished,
> and the maiden Astraea, last of the immortals, abando-
> ned the blood-soaked earth.[30]

---

[30] Ovidio 1: 9-11.

De esta cita se desprende que la última edad, la de hierro, trajo la muerte, desapareciendo el último inmortal, "Astraea", y estando la tierra llena de sangre. Cernuda mantiene una visión nostálgica de la inmortalidad que se halla en la edad dorada, y en la mayoría de los poemas de *Ocnos* se medita sobre el paso del tiempo y su efecto en el cuerpo humano por contraste a aquella rota armonía. En "Pregones" prevalece la visión edénica, contemplación tranquila del niño que es también profeta del futuro. El niño concretiza una experiencia de tipo universal: la de sentir la eternidad. Los pregones son tres. Uno en "la primavera", donde "el son... '¡Claveles! ¡Claveles!' había flotado anónimo", indicando la equivalencia entre primavera y edad dorada, como en Ovidio, donde las cosas no tienen nombre porque no hay división, pues nombrarlas, como ya hemos visto, es entrar en el espacio del deseo. El segundo era "[a]l mediodía, en el verano", y venía "desde la calle... dejoso, tal la queja que arranca el goce, el grito de '¡Los pejerreyes!'". El goce erótico indica la transición de una edad a otra. Esta segunda traía una conciencia justa. Pero además aparece la inquietud (deseo):

> Había en aquel grito un fulgor súbito de luz escarlata y dorada, como el relámpago que cruza la penumbra de un acuario, que recorría la piel con repentino escalofrío.

Ese "fulgor" representa un punto luminoso, la conciencia del deseo, parecido a la irrupción de la luz, fuerza poderosa, "relámpago", en un mundo tranquilo y paradisíaco como el acuario. El tercero era en "otoño", que corresponde a la edad de bronce, incluso este es un color típico de la estación. La luz ya no es "fulgor... escarlata" sino "llamilla azulada... luz lívida de gas", su fuerza ha disminuido. El pregonero es además "viejo" y llena "el anochecer" con su "'¡Alhucema fresca!', en el cual las vocales se cerraban como el grito ululante de un búho". Parece el pregonero un sacerdote u oráculo "que iba, con su saco de alhucema al hombro, a cerrar el ciclo del año y de la vida". La últimas líneas expresan, de forma sentenciosa, el mensaje que como hombre comprende ahora y no vio como niño:

> Era el primer pregón la voz, la voz pura; el segundo el canto, la melodía; el tercero el recuerdo y el eco, la voz y la melodía ya desvanecidas.
>
> (O y V 15-16)

Las edades del hombre y del poeta son representadas conjuntamente. Como la visión es de totalidad, la edad de hierro no aparece. Es el hombre adulto el que únicamente tiene conciencia de la muerte. El niño vive en un mundo distinto que se nos revela en "El huerto":

> Allí crecían las palmas, los bananeros, los helechos, a cuyo pie aparecían las orquídeas, cruce imposiblc de la flor con la serpiente.
> ... Me figuraba con sobresalto y con delicia que entre las hojas... se escondía una graciosa criatura,... y que subitamente y sólo para mí iba acaso a aparecer ante mis ojos.

Este paraíso del niño representaba una vivencia íntima sólo experimentable en un momento único. Una vez desaparecido es cuando uno se da cuenta de su importancia:

> Hoy creo comprender lo que entonces no comprendía: cómo aquel reducido espacio del invernadero, atmósfera lacustre y dudosa donde acaso habitaban criaturas invisibles, era para mí una imagen perfecta de un edén, sugerido en aroma, en penumbra y en agua, co-

mo en el verso del poeta gongorino: "Verde calle, luz tierna, cristal frío".

(O yV 10)

El momento en que este "edén" comienza a tambalearse es cuando aparece el miedo, la concepción de la edad de hierro. Para Jung, una de la pruebas con las que se enfrentaba el niño-héroe es la de luchar contra las tinieblas, que él interpretaba como la lucha de la conciencia para liberarse de la incosciencia. "Day and light are synonyms for consciousness, night and dark for the unconscious".[31] Cernuda en "El miedo" establece una analogía entre el miedo arquetipo y la oscuridad:

> ... Iba viendo cómo el cielo palidecía, desde el azul intenso de la tarde al celeste desvaído del crepúsculo, para luego llenarse lentamente de sombra. ¿Le alcanzaría fuera de la casa y de la ciudad la noche, de cuya oscuridad creciente le habían protegido hasta entonces las paredes amigas, la lámpara encendida sobre el libro de estampas?

Como puede comprobarse además, Cernuda establece un contraste entre fuera y dentro ("La lámpara... sobre el libro de estampas") que se ve como un reflejo de la luz contra las tinieblas exteriores. Lo de afuera es el caos y el terror primordiales, dentro "la lámpara" y "el libro de estampas" representan el bienestar de la lectura, su acción balsámica sobre el espíritu. El oscurecerse del día es una premonición de dolores y angustias que han de experimentarse en la vida, que corresponde al ocaso de la luz, a la entrada en la sombra: las edades de bronce y de

---

[31] Jung, *Psycke and Symbol* 130.

hierro. Es conocido el miedo irracional de los niños a la oscuridad y su aversión al color negro, señal del miedo arquetípico a lo desconocido, que se deriva lógicamente del instinto de conservación:

> ... Él mismo desconocía aquella voz que de su entraña salió oscura, amedrantada diciendo, "Que va a caer la noche, que va a caer la noche"... Aquel horror antes desconocido [era]... el horror a los poderes contrarios al hombre sueltos y al acecho en la vida.
>
> (*O y V* 11)

Cernuda traduce este horror en el verso que también incluye en "El miedo": "Por miedo a irnos solos a la sombra del tiempo". Opera aquí por tanto una analogía entre tiempo y miedo que queda aún más matizada en otros poemas, como en "Escrito en el agua", que cerraba la primera edición de *Ocnos*, pero que el poeta excluyó de su edición definitivamente:

> .. Fija y cruel, surgió en mí la idea de mi propia desaparicion, de como tambien yo me partiría un día de mí. ¡Dios!, exclamé entonces: dame la eternidad. Dios era ya para mí el amor no conseguido en este mundo, el amor nunca roto, triunfante sobre la astucia bircorne del tiempo y de la muerte.
>
> (*O y V* 93)

En una especie de relato, en este mismo poema nos cuenta la impresión distinta que el niño y el hombre tienen de la muerte:

> Desde niño, tan lejos como vaya mi recuerdo, he buscado siempre lo que no cambia, he deseado la eternidad. Todo contribuía alrededor mío, durante mis primeros

años, a mantener en mí la ilusión y la creencia en lo permanente... En el ciclo del año,... tras la diversidad aparente siempre se traslucía la unidad íntima.

Este tipo de apreciación corresponde a la edad dorada.
La siguiente etapa comienza cuando "terminó la niñez y
caí en el mundo. Las gentes morían en torno mío y las
cosas se arruinaban". Esta caída no trae inmediatamente
la consciencia de la muerte porque es un tiempo domi-
nado por el deseo y éste es opuesto a ella:

> Como entonces me poseía el delirio del amor, no tuve
> una mirada siquiera para aquellos testimonios de la ca-
> ducidad humana. Si había descubierto el secreto de la
> eternidad en mi espiritu ¿qué me importaba lo demás?

Después de este arrebato en el que el amor es la estampa
de la eternidad, aparecen los estragos del deseo:

> Mas apenas me acercaba a estrechar un cuerpo contra el
> mío, cuando con mi deseo creía infundirle permanencia,
> huía de mis brazos dejándolos vacíos.

Tras este momento de iluminación se presenta la edad
de bronce, donde el deseo se transfiere desde el cuerpo a
otros objetos circundantes:

> Después amé los animales, los árboles..., la tierra. Todo
> desaparecía poniendo en mi soledad el sentimiento
> amargo de lo efímero. Yo sólo parecía duradero entre la
> fuga de las cosas.

El sentimiento de progresiva angustia vital desde la juventud hasta la madurez concluye con una visión nihi-
lista de la existencia:

> ... Dios no existe. Me lo dijo la hoja seca caída, que un pie deshace al pasar... Me lo dijo la conciencia, que un dia ha de perderse en la vastedad del no ser. Y si Dios no existe ¿cómo puedo existir yo? Yo no existo ni aún ahora, que como una sombra me arrastro entre el delirio de sombras, respirando estas palabras desalentadas, testimonio (¿de quién y para quién?) absurdo de mi existencia.
>
> (*O y V* 93-94)

Cernuda eliminó este poema, quizá porque le pareció, años más tarde, cerca de su muerte, demasiado negativo y muy en contra del deseo, la fuerza vital de la que escribió toda su vida. Sin embargo, encierra la idea de las edades del existir humano como aparecen en *Las metamortosis* y que recorren temáticamente los poemas de *Ocnos*. Nos encontramos, por tanto, ante una ambigüedad. Por un lado, como dice Valender, la dimensión metafísica de *Ocnos* es "el deseo... de identificar y fijar aquello que es constante a lo largo de su experiencia, de concentrarse en lo que considera así el reflejo de alguna realidad superior inalterable".[32] Por otro, existe el sentimiento de que un día todo aparece mutable y uno se encuentra ante realidades irrecuperables, lo que queda es el sueño hecho poesía, hecho mito:

> Allí en aquel jardín,... soñaste un día la vida como embeleso inagotable. La amplitud del cielo te acuciaba a la acción...
>
> Más tarde habías de comprender que ni la acción ni el goce podrías vivirlos con la perfección que tenían en tus sueños al borde de la fuente.

---

[32] Valender 27-28.

En este pasaje "el jardín" es un símbolo del Edén, y la infancia es esa edad donde la vida se ve "como embeleso inagotable". La mirada retrospectiva, sin embargo, ya no la observa con los mismos ojos. Entre una y otra edad el espacio se ha reducido, haciéndose opresivo; mientras que un pequeño jardín simbolizaba el universo, ahora éste ya no cabe en el jardín, porque aquél era mítico y hoy es imposible volver:

> Y el día que comprendiste esta triste verdad, aunque estabas lejos y en tierra extraña, deseaste volver a aquel jardín y sentarte de nuevo al borde de la fuente, para soñar otra vez la juventud pasada.
>
> (O y V 25-26)

Queda el deseo, el mito de "soñar otra vez la juventud pasada", recreando así el autor lo mismo la plenitud de la juventud que la nostalgia de nunca volver a poseerla, a excepción de hacerlo imaginativamente.

Como ya hemos indicado otro de los temas latentes en *Ocnos* es el poeta-niño, "padre" del poeta-hombre. Dicho de otra manera, el niño que usa Cernuda como persona, a quien, siguiendo a Garcilaso, da el nombre de Albanio, una vez que pasa de niño a adolescente; es un niño que toma, ya en aquel momento, conciencia del quehacer poético. No dejamos de especular que, por este motivo, en un momento quiso nombrar la segunda colección de poemas en prosa, "Marsias". Este proyecto, según indica Valender, lo tenía Cernuda pero lo abandonó, añadiendo nuevos poemas a *Ocnos* y cambiando el orden de la primera edición.[33] Explica Valender que el joven de *Ocnos* descubre su vocación poética, ya que de

---

[33] Valender 57.

esta forma puede fijar, por medio de "la palabra escrita...
la realidad invisible a la cual, en momentos de intensa
contemplación, tiene acceso privilegiado".[34] Apunta
también que los románticos ingleses, que influyeron a
Cernuda, tenían un propósito parecido, enfrentados
ellos mismos a un mundo cambiante y problemático, el
de "redescubrir" el significado de su universo "o rein-
ventarlo [para] devolver al mundo la imagen sacral que
se había perdido, a la vez que [para] reconstruir la imagen de su propia identidad, desaparecida también junto
con el viejo orden en que antes se asentaba".[35] No nos
parece la intención de Cernuda romántica en el sentido
que la entiende Valender; no creemos tampoco que quisiera restituir nada concreto, ni al mundo, del que se sen-
tía desligado, según sus propias afirmaciones, ni a sí
mismo, porque no hay nunca pérdida de identidad en
Cernuda. Precisamente por eso no volvió a España, porque al conocerse a sí mismo sabía que le sería intolerable
publicar y vivir bajo una dictadura, a menos que se con-
formara. Pero su espíritu era inconformista. Era el mismo espíritu de Marsias que retó a Apolo a una competi-
ción, éste con su lira y Marsias con la flauta encontrada,
regalo —él creía— de los dioses. En realidad era un instrumento que Palas había desdeñado porque al silbar a
través del tubo, las muecas necesarias de la cara para
producir música distorsionaban su perfecta belleza.[36] Sin
embargo, sí creemos que Cernuda tenía en mente una
visión "sacral" del universo, pero sin tiempo determinado, la visión que del mundo nos da el mito. En el si-

---

[34] Valender 35.
[35] Valender 49-50.
[36] *The Facts on File: Encyclopedia of Word Mythology and Leyend*, ed.
Anthony S. Mercatante (New York: Facts on File, 1988).

guiente poema donde ya habla del poeta como protagonista de los poemas en prosa dice lo siguiente:

> Bien temprano en la vida, antes que leyeses versos algu-
> nos cayó en tus manos un libro de mitología. Aquellas
> páginas te revelaron un mundo donde la poesía, vivifi-
> cándolo como la llama al leño, transmutaba lo real.

Aquí Cernuda ya establece como elemento de su poética
el mito. La poesía y el mito se unen en este poema que
concluye:

> ... Cualquier aspiración que haya en ti hacia la poesía,
> aquellos mitos helénicos fueron quienes la provocaron y
> la orientaron.

Pero en esta visión inflamatoria del poder del mito también se sostiene una premonición:

> Aunque al lado no tuvieses a alguien para advertirte
> del riesgo que así corrías, guiando la vida instintiva-
> mente conforme a una realidad invisible para la mayo-
> ría, y a la nostalgia de una armonía espiritual y corpó-
> rea rota y desterrada siglos atrás de entre las gentes.
>
> (O y V 17)

Ese "ti" hay que interpretarlo siempre en Cernuda, como
dijimos en el capítulo anterior, no como un reflejo de sí
mismo sino del otro. Su vocación poética nace del deseo
de comunicarse con el mundo en la única manera que a
un tímido incurable le es posible: a través de la escritura.
Pero ese "ti" es siempre el reflejo del otro en nosotros, de
aquí que use la segunda persona en vez de la primera,
"yo", con mucha más persistencia. En realidad con el "ti"
nombra al lector y lo integra en su propia experiencia.

Al indicar que "cayó en tus manos un libro", símbolo de la inspiración poética, nos refiere al episodio de Marsias, donde ocurre el mismo encuentro fortuito con la flauta, símbolo de las cualidades que el joven admira en Apolo: músico, poeta, profeta, curandero y cicatrizador, que son las propiedades tanto de la música como de la poesía. Octavio Paz como lector de Lévi-Strauss comenta sobre la asociación que hace el antropólogo entre mito y música:

> Para Lévi-Strauss... música y mito son lenguajes que transcienden, cada uno a su manera, el nivel del lenguaje articulado... El poema es inexplicable por sí mismo. Por una parte, es una totalidad indisoluble y un cambio mínimo altera a toda la composición; por la otra, es intraducible: más allá del poema no hay sino ruido o silencio.[37]

Dialéctica entre sonido y silencio, sentido y no sentido, los ritmos musicales y poéticos dicen algo que sólo ellos pueden decir, sin decirlo del todo nunca. Por eso, como la música, el poema 'es un lenguaje inteligible e intraducible'. "Subrayo", dice Paz, "que no sólo es intraducible a las otras lenguas, sino al idioma en el que está escrito. La traducción de un poema es siempre la creación de otro poema; no es una reproducción sino una metáfora equivalente del original".[38] Encontramos alusión parecida en el poema "El mirlo" donde se encierra la misma idea que en el mito de Marsias, y en los que citamos en capítulos anteriores, Orfeo y Dionisio,

---

[37] O. Paz, *Claude Lévi-Strauss o el nuevo festín de Esopo* (México: J. Mortiz, 1969) 54-55.
[38] O. Paz, *Claude Lévi-Strauss* 55.

donde lo humano y lo divino encuentran un punto de contacto. El pájaro es aquí el emisario que une ambas dimensiones ya que "Desde el aire trae a la tierra alguna semilla divina", con la cual "parece nutrir su existencia, no de pájaro, sino de flor", a la que también "debe esas notas claras, líquidas, transpasando su garganta". Lo mismo que en "El piano", poesía y música se unen en "El mirlo", y traen la evocación del mito de Marsias, alcanzando lo divino con su pericia en ejecutar la melodía con su flauta. Al unir poesía, míticamente, "flor", con música, "notas claras, líquidas", el mirlo es análogo al poeta:

> Igual que la violeta llena con su olor el aire de marzo, el mirlo llena con su voz la tierra de marzo. Y equivalente oposición dialéctica, primaveral e inverniza, a la que expresa el tiempo en esos días, es la pasión y burla que expresa el pájaro en esas notas.
>
> (O y V 64)

"El mirlo" poeta es también imagen de la circularidad del tiempo (tiempo mítico); con sus "notas" (poemas) une el fin de un año y el principio del otro, como veíamos en "Homenaje", la palabra de un poeta con la del otro, integrando ambos intervalos, como es el propósito de la poesía en la composición cernudiana: la unificación de mundo y ser humano:

> Parecía como si sus sentidos, y a través dc ellos su cuerpo, fueran instrumento tenso y propicio para que el mundo pulsara su melodía rara vez percibida.
>
> (O y V 20)

Esta idea de totalidad es el propósito que la poesía debe capturar de acuerdo con la idea cernudiana.

En "El acorde", uno de los poemas más citados de Cernuda, el autor trata de explicar esta "complicidad" entre ambas artes que capturan el momento haciéndolo mítico. Es un hecho único e intraducible rodeado por el silencio, el que, como indica Paz, rodea a ambos poemas y música:

> El acorde (...) comenzó en la adolescencia y nunca se produjo, ni se produce de por sí, sino que necesitaba y necesita de un estímulo. ¿Estímulo o complicidad? Para ocurrir requiere, perdiendo el pie en el oleaje sonoro, oír musica. Mas aunque sin música nunca se produce, la música no siempre y rara vez lo supone.

Es un estado el que el poeta quiere comunicar, tan allegado a él mísmo, que encuentra gran dificultad en explicarlo. Pero ¿es explicable? No con un lenguaje utilitario. Es un estado del alma que concuerda con lo inefable y por lo tanto tan difícil de precisar como el mito mismo. Cernuda, en su gran esfuerzo, crea una analogía cuyo protagonista es, de nuevo, el niño:

> Mírale: de niño, sentado a solas y quieto, escuchando absorto: de grande, sentado a solas y quieto, escuchando absorto. Es que vive una experiencia... de orden "místico". Ya sabemos, ya sabemos: la palabra es equívoca; pero ahí queda lanzada, por lo que valga, con su más y su menos.

Esta experiencia "mística", aunque al poeta le parezca, hasta cierto punto, inadecuada, es una manera lo más exacta posible al traer a un mismo terreno, el del lenguaje, lo que puede uno experimentar al oír música o al leer (recitar) poesía.

La experiencia numinosa de nuestra existencia fue capturada en mitos, elaboraciones poéticas de la raza humana para conocerse a sí misma, conocer el mundo y, aun más, comunicar su saga a generaciones futuras, es decir, perpetuarse en el tiempo. Últimamente los mitos helénicos pueden entederse bajo estas motivaciones. El de Marsias nos habla del nombre que pertenece a un río, "the clearest river in Phrygia" (Ovid 2: 315). La claridad del río y la claridad de la música se hermanan, de forma que, volviendo a Cassirer, es la necesidad del lenguaje la que une el nombre con el mito, inherente a él. A este proceso Cassirer llama "word-magic":

> The essential identity between the word and what it denotes becomes even more patently evident if we look at it no from the objetive standpoint, but from a subjetive angle. For even a person's ego, his very self and personality, is indissolubly linked, in mythic thinking, with his name.[39]

Para explicar el nombre, "acorde", Cernuda tiene que recurrir al mito, darnos una historia para que el lector experimente o pueda, al menos, relacionarse, aunque sea remotamente, con él. Y vuelve a lo eterno, al origen esencial de los nombres para intentar definirlo:

> Plenitud que, repetida a lo largo de la vida, es siempre la misma; ni recuerdo atávico, ni presagio de lo venidero: testimonio de lo que pudiera ser el estar vivo en nuestro mundo.

El sentido de la palabra "vivo" debe comprenderse en un lenguaje doble, biológicamente y místicamente; es decir, tratando siempre de alcanzar la profundidad de las cosas, que Cernuda describe en este pasaje:

------

[39] Cassirer 49-50.

¿Cómo si se abriese la puerta? No, porque todo está abierto: un arco al espacio ilimitado, donde tiende sus alas la leyenda real. Por ahí se va, del mundo diario, al otro extraño y desusado. La circunstancia personal se une así al fenómeno cósmico, y la emoción al transporte de los elementos.

Parece referirse el poeta a una experiencia como la que los místicos querían alcanzar para ponerse en contacto con la divinidad. Aunque Cernuda no mencione lo divino, su percepción del momento en que se siente estar en "acorde" con el universo, es una sensación de lo divino en lo humano, un deseo de transición de una realidad común a otra realidad que para el hablante, o que para el que la experimenta es de índole sagrada:

> Lo más parecido a ella es ese adentrarse por otro cuerpo en el momento del éxtasis, de la unión con la vida a través del cuerpo deseado.

Como si esta afirmación le pareciera demasiado atrevida, o quizá no tan clara como desea, la justifica:

> En otra ocasión los ha dicho: nada puedes percibir, querer, ni entender si no entra en ti primero por el sexo, de ahí al corazón y luego a la mente. Por eso tu experencia, tu acorde místico, comienza como una prefiguración sexual. Pero no es posible buscarlo ni provocarlo a voluntad; se da cuándo y cómo él quiere.
>
> (O y V 89-90)

"El acorde" es así el mito cernudiano que envuelve al deseo como fuerza elemental, prístina, arquetípica de todas las acciones humanas, tanto mentales como físicas, como espirituales. Conviene recordar aquí cómo los re-

cursos poéticos de la poesía mistica española, que fue
influencia decisiva en Cernuda, comprenden imágenes
cargadas de sensualidad, que recrean los diferentes procesos espirituales que llevan a la unión extática con lo
divino, recurso que también recoge Cernuda en "El
acorde ".

Sin embargo, Cernuda no deja de recordarnos, siguiendo su visión particular del universo, que la fatalidad existe también en esta empresa de alcanzar la divinidad como en cualquier obra humana, siendo el poeta,
quizá más que ningún otro, el que desea esta unión. El
mito de Marsias, *alter ego* del poeta, ilustra la insolencia a
que se le sometió al joven sátiro por querer perseguir
una causa perdida. "Why do you tear me from myself?"
(Ovid 2: 315) pregunta el sátiro que fue despellejado como castigo. Por esta razón el poeta se identifica con
Marsias. Cernuda cree que el destino del poeta es la soledad por tratarse de un incomprendido y más vulnera-
ble que otros por querer alcanzar empresas imposibles:

> El peso del tesoro que la naturaleza le confiaba era de-
> masiado para su solo espíritu aún infantil, porque
> aquella riqueza parecía infundir en él una responsabili-
> dad y un deber, y le asaltó el deseo de aliviarla con la
> comunicación de los otros.
>
> (O y V 22)

En el mito griego los dioses son sólo representaciones
exacerbadas de los deseos como de los defectos humanos, la crueldad de Apolo así lo indica. La divinidad cristiana, sin embargo, es perfecta. Cernuda no toma partido
ni por una ni por otra, sino que, como dice en "El poeta y
los mitos", ha sido guiado, poéticamente, por la primera,
por lo cual nunca podemos juzgar sus preferéncias dentro del plano real (Cernuda-hombre) como hacen la ma-

yor parte de sus críticos. En el mito cernudiano el encuentro con "el existir" místico es casual no una labor de perfección de tipo platónico. Es la disposición de vivir alerta ante el mundo, viéndolo como mítico, en vez de vivir apegado a la realidad. En "L'Horloge", Baudelaire, sin la visión trágica a que se inclina Cernuda, explica algo similar:

> Et si quelque importun venait me déranger pendant que mon regard repose sur ce délicieux cadran, si quelque Génie malhonnëte et intolérant, quelque Démon du contretemps venait me dire: "Que regardes-tu là avec tant de soin? Que cherches-tu dans les yeux de cet être? Y vois-tu l'heure mortel prodigue et fainéant? Je répondrais sans hésiter: "Oui, je vois l'heure; il est l'Etemité".[40]

El mito de Marsias refleja el hecho de que la imperfección humana es demasiado grande para competir con la divinidad. En "El acorde" se exalta la capacidad de trascender hasta tocar, por lo menos un punto, lo divino.

Creemos haber demostrado que el choque entre tiempo y deseo produce el mito (arquetipo) de las edades. Para enfatizar el contraste entre lo edénico, sin tiempo, y la conciencia del tiempo, Cernuda usa el símbolo del niño-arquetipo, ser primordial, sagrado y polivalente que en sí mantiene la sensación de lo eterno. Una de las intenciones del poeta en *Ocnos*, es, como se desprende del epígrafe, dar al lector una sensación de lo que significa percibir el tiempo, que constituye un tópico principal de la obra de Cernuda.

Primero quiere comunicar la percepción que el niño tiene del tiempo. El niño percibe el tiempo como eterni-

---

[40] Baudelaire 175.

dad. Cernuda aclara, sin embargo, que este sentimiento ocurre por "una fe religiosa" ("La eternidad"), incondicional, como es la del niño. Esta fe es parte del edén infantil donde todos son, por decirlo de alguna manera, "cuentos de hadas". Pero, en otro poema dice:

> Llega un momento en la vida cuando el tiempo nos alcanza... Quiero decir que a partir de tal edad nos vemos sujetos al tiempo y obligados a contar con él como si alguna colérica visión con espada centelleante nos arrojara del paraíso primero, donde todo hombre una vez ha vivido libre del aguijón de la muerte.
>
> (O y V 14)

Éste es el lugar de *Ocnos*, quien no comprende que sus juncos desaparezcan para siempre en la boca del asno. No lo comprende porque no se apercibe del conflicto entre tiempo y deseo. Éste es Albanio, el adolescente, que al sentir la inquietud del deseo, entra en una edad de plata, donde la eternidad comienza a ser una tortura más que una seguridad, porque al ver el universo con los ojos del deseo, entra la nostalgia de su desaparición:

> Pisaba Albanio ya el umbral de la adolescencia (...) Como en una intuición, más que en una percepción, por primera vez en su vida adivinó la hermosura de todo aquello que sus ojos contemplaban. Y con la visión de esa hermosura oculta se deslizaba agudamente en su alma, clavádose en ella, un sentimiento de soledad hasta entonces para él desconocido.
>
> (O y V 22)

En "Río" la nostalgia ante la juventud perdida se dramatiza por el deseo:

... El amor escapa hacia la corriente verde, hostigado por el deseo imposible de poseer otra vez, en el ser y por el ser deseado, el tiempo de aquella juventud sonriente y codiciable, que llevan consigo, como si fuera eternamente, los remeros primaverales.

(*O y V* 63)

Estos últimos simbolizan el mito de la juventud. Van por un río, que arquetípicamente es la vida, y la fuerza que se necesita para hacer girar el remo —además de evocar metonímicamente el cuerpo joven— trae los mitos de jóvenes como Marsias, como Narciso, como Faetón, como Ícaro que perecieron en sus aspiraciones, pero que hasta ellas les llevó la fuerza de su juventud. Estos "remeros primaverales" simbolizan además el futuro, pero en alas del "como si" que encierra el fatalismo cernudiano.

Conclusión

En este libro se ha partido de la base de que el mito es una estructura lingüística de segundo orden que se entiende como el lenguaje común, lo mismo diacrónica que sincrónicamente. Del texto poético de Cernuda se puede extraer el contenido mítico que nosotros dedujimos forma parte esencial de la poética del autor, y por lo tanto, se ha prestado particular atención a aquellas imágenes poéticas que teniendo el mito en su fondo son metonimia, metáfora, alegoría y símbolo del deseo. La imagen poética para representar el deseo es uno de los recursos poéticos frecuentemente empleados en la obra de Cernuda. La preocupación con esta imagen motivó el título de su obra en verso aunada bajo el nombre de *La realidad y el deseo*.

Se ha partido además de la hipótesis de que un individuo mitifica aquel trozo de realidad que para él/ella es sagrado por haberlo cargado de afectividad; es decir, está rodeado de la energía libidinal o deseo. Literariamente este trozo de realidad se convierte en un símbolo que puede incluso asumir un significado de tipo numinoso o espiritual, cuya función es comunicar al lector, por medio de un lenguaje adecuado a la poesía, una experiencia primordial que puede ser vivida o revivida, lo mismo que evocar otras experiencias allegadas al lector y que se hacen presentes por medio de la palabra. Lo que el autor persigue es transmitir tanto una emoción como su efecto. Nuestra intención ha sido demostrar que lo totalmente inalcanzable es mítico y por esta razón puede convertirse en sujeto de un mito, al rodearlo de la cualidad de lo que vive en un mundo ideal, que es capaz de ser evocado, pero nunca poseído. Así, entes naturales: árboles, agua, pájaros, etc., en la obra de Cernuda son emisarios de la cualidad de lo mítico que el autor percibe en el mundo en que se desenvuelve.

El mito usado por Cernuda, transparente en la imagen poética por medio de mitemas que lo evocan, guarda su significado original pero además es válido para significar lo que el autor quiere comunicar en el momento que le da actualidad. Por ello el mito es un segundo tipo de lenguaje que como el lenguaje-comunicación es lo mismo diacrónico que sincrónico. Imágenes poéticas sirven para dar una versión del mito que por otro lado ya le llega constituido al autor, pero él lo transforma para su uso particular. Concluimos que el mito clásico se hace evidente en la obra de Cernuda por sus mitemas y que el autor lo usa para dar forma a una fuerza como la del deseo. El dolor, la angustia, el rencor, el remordimiento, resultantes del conflicto entre deseo y realidad son actuados a través de imágenes a cuya base se encuentra el mito.

Junto al mito clásico Cernuda también da valor mítico a seres poéticos que, aunque muchas veces son imágenes clásicas, él les infunde un nuevo vigor dentro de su propia cosmovisión. Tales objetos poéticos son, entre otros, árboles, alas, nubes, diamante, niño, agua y sobre todo el cuerpo joven. Éstos traen un contexto mítico que subyace en todo lenguaje poético y aunque no narran una

historia mítica, una vez que han sido cargados emotivamente por el poeta, llevado del intento de poetizar el deseo, aparecen transformados. Dejan de ser reales para
convertirse en seres míticos.

Se ha partido también de la premisa de que el mismo
lenguaje tiene una capacidad de mito. Cualquier denotación es en sí ambigua e implica más de lo que dice, en
particular, cuando nos desenvolvemos dentro del terreno poético. Los términos han sido ya utilizados en otras
épocas, por otros poetas, y el lector reconoce el significado tradicional de la imagen poética desarrollada alrede-
dor de un mito. El mito forma parte del saber y por lo
tanto está inscrito en la conciencia en cuanto conocemos
el lenguaje. Por esto cualquier sistema de asociaciones
llama al mito; y concluimos que la aparición del "dios
momentáneo", es decir la veneración absoluta de algo o
de alguien, ocurre cuando un objeto se nos aparece que
toca varios puntos emotivos. El objeto así investido con
un alto grado de afectividad es más que real, es mítico.
En la obra de Cernuda señalamos poemas, como "El
magnolio", donde el árbol es expresión del deseo que
por consiguiente produce el mito, y observamos las esta-
tuas de dioses griegos, como el *David-Apolo* de Miguel
Ángel, como expresión del deseo del cuerpo joven, mitificado en la estatua.

También se ha propuesto aquí abandonar los procedimientos de la crítica tradicional que tiende a ilustrar la
obra con la biografía del autor. Nuestro énfasis es en la
problemática del deseo en tanto que éste se transcribe
en la palabra poética y se convierte en mito.

La tensión del lenguaje entre términos negativos y
términos positivos, paralelo a la tensión entre la realidad
y el deseo, implica una falta de satisfacción en el mundo
real que da ocasión a la representación del deseo. La dificultad de expresar lo que supone el deseo (lo que es), por

lo tanto, recuerda la misma tensión que existe entre los términos de la imagen, y sugiere que ambos, deseo y lenguaje, se constituyen por la falta de algo; de la misma manera que en el fondo de todos los mitos puede percibirse que la pérdida del objeto del deseo da origen al mito.

También se deduce que el mito es un campo de referencia compartido tanto por el lector como por el autor; se evoca por medio de la tensión de los términos del lenguaje y por la subversión de la mímesis, que es, según Riffaterre, la dinámica del lenguaje poético, lo cual se ha tratado de probar en la poética de Cernuda. De aquí que el mito pueda entenderse como metáfora moderna de carácter visionario usado por Cernuda. Lo mismo que la metáfora, la alegoría sirve para ilustrar la percepción del deseo a través del lenguaje. De manera similar a la metáfora, la alegoría nos da una equidad de términos que se corresponden con la realidad objetiva; la innovación cernudiana es establecer una equidad entre términos, uno de los cuales es mítico.

Igualmente la metonimia es una imagen que en la poesía de Cernuda llama al mito. Elementos de un mito determinado puestos a funcionar en el poema traen la historia mítica que en Cernuda alude a una representación de las inquietudes del deseo. Se ha querido demostrar que el mito del edén aparece por sus mitemas y que éstos son una metonimia del deseo y de la pérdida del objeto deseado que se contempla como un edén perdido.

Trazamos el origen del mito en Cernuda a la influencia de la poesía clásica española. Aunque esta influencia puede apreciarse a lo largo de toda su obra es más evidente en *Égloga, Elegía, Oda*. La comunicación de una experiencia íntima de tipo espiritual es el objetivo del autor en *EEO* lo cual logra, muchas veces, a través de la imagen visionaria que simboliza la inquietud espiritual ante la contemplación de la naturaleza, que aparece transformada, para dar su visión personal, logrando lo que se planteó como poética: poesía es la comunicación de una emoción. La comunicación de la emoción que nos ocupó aquí fue la del deseo.

Se ha intentado también probar que la estética surrealista se vale del mito porque éste es magia y además representa la simultaneidad de los contrarios. Crea sus propios mitos que tienen referencia en el sueño. Según Freud, el lugar del mito es el sueño. El mito hace que la realidad aparezca diferente a como la percibimos diariamente, de la misma manera (o parecida) el surrealismo busca encontrar, partiendo de la realidad cotidiana, otra realidad de tipo más elevado, que se encuentra en el inconsciente, partiendo de la cual el objetivo de la estética surrealista es la apertura de la mente y el logro de una nueva manera de percibir y, por consiguiente, de pensar. Siguiendo los procedimientos de la estética surrealista Cernuda encuentra —porque los busca—, espacios deshabitados, vacíos, inmensos que dan la impresión de la vastedad del inconsciente, creando mediante la metáfora surrealista (asociación de dos realidades alejadas u opuestas) una visión onírica, parecida a la visión mítica, a veces creando sus propios mitos: "el remordimiento en traje de noche", que son su propia manera de explorar el deseo.

La dicotomía entre ser y lenguaje produce el otro, que de esta forma se constituye en mito pues no es del todo accesible, pero al mismo tiempo condiciona al ser total. La utilización del "tú" en la poesía de Cernuda crea una objetivación que alude al autor, pero nunca exclusivamente sino en relación al mundo y a las exigencias y divisiones que impone el deseo. El lenguaje es resultado del deseo; es decir, el resultado de sustituir una cosa por otra: lo real por un símbolo que lo representa. En el período surrealista la metamorfosis del mundo que aparece en el poema es una alusión constante a la transformación del ser por virtud de las demandas del deseo. El mito de Narciso es emblemático de la división entre ser e imagen, fuente de los conflictos entre individuo y realidad aparente. Dionisio y Cristo representan la dualidad del ser que se debate entre la demanda de los instintos y el acatamiento de las reglas. Ambos principios son necesarios, pero debido al deseo, se manifiestan, no cuando es oportuno, sino que a veces la dislocación de uno y otro principio causa el sufrimiento humano personificado por ambas figuras.

Se ha dicho que el dolor manifiesto en la poesía surrealista lo mismo que la imagen surrealista se observan en la colección de poemas *Donde habite el olvido*, que siguió al período surrealista del autor. Aquí la imposibilidad de obtener el objeto del deseo provoca el dolor al que el autor da expresión por medio de la mitificación de la palabra y utilizando figuras alegóricas, ángel/demonio que dan una objetivación de la emoción: la pérdida del amor o la derrota del deseo.

Eros es el mito de la posibilidad del amor no de su goce. Eros hace posible el deseo, la inquietud y la fiebre amorosa. Una vez obtenido el objeto deseado, el deseo no existe por lo que su logro está en su pérdida. Es ambiguo y muestra que tener es no tener. Es posible e imposible a un tiempo. Por lo tanto el deseo ni está en nosotros mismos ni podemos controlarlo. En realidad nos controla. Propusimos, por tanto, que los contrarios determinan el lenguaje poético de Cernuda y llaman al mito. En *DHO* el mito que ilustra la fuerza de los contrarios halla forma en el ángel y el demonio. La realización del deseo es un mito porque sólo puede ocurrir a nivel lingüístico. Es en realidad "un fantasma".

Dejando a un lado la forma ortodoxa de analizar la poesía de Cernuda que tradicionalmente sigue el orden de *LRD*, ha sido más conveniente, para alcanzar una comprensión del mito como imagen del deseo, ver *Ocnos*, una de las colecciones de poemas en prosa de Cernuda. En esta colección explora el autor, a través de la figura mítica del niño-arquetipo, la recuperación del tiempo pasado, y, por contraste, el tiempo que sigue a la niñez se ve como contrario a los deseos humanos. Arquetipos como lo masculino/femenino (*anima, animus*) en la poesía constituyen una forma de aprehender la realidad y sin referirse a un contenido concreto pueden tomar diferentes significados. Otros mitos y arquetipos que subyacen en el texto de *Ocnos* son el de las edades del hombre y el mito de Marsias, arquetipo/símbolo del poeta.

La analogía, una de las técnicas empleadas en el poema en prosa, es un lenguaJe secundario que aparece constituido en mito, ya que, como el mito, crea un texto que habla de otro texto. Una de las figuras arquetípicas de *Ocnos*, el poeta niño, prueba el significado de la analogía como una forma de mitificar una situación, época o momento específico. El niño como arquetipo nos ofrece ciertas analogías que tratan de ilustrar la percepción del poeta hombre, cuya formación como tal ya se constituyó en la niñez, por lo cual el niño es ya un mito, al ser irrecuperable todo lo que encierra su situación. La percepción de lo visto por primera vez, maravillándose de ello es la visión infantil. Esta emoción es la que quiere comunicar Cernuda en *Ocnos* y lo consigue, muchas veces, valiéndose del mito del niño, ser primordial, y del mito de las edades. También el mito de Marsias cabe dentro de esta concepción, al descubrir fortuitamente la flauta, símbolo del arte poético y musical o la íntima relación que existe entre poesía y música.

Se ha llegado también a la conclusión de que la necesidad de trascender resulta del deseo humano de abolir el tiempo que conduce hacia la desaparición del ser, como lo ve Cernuda, es decir, la desaparición del cuerpo joven que es el ideal cernudiano. Aquí se aprecia que la dicotomía entre tiempo y deseo se hace tan patente como se hacía en los libros comentados anteriormente, al reconocer el poeta la transitoriedad de las cosas y de sí mismo como una realidad trágica a la que se ha de enfrentar el ser humano. Por medio de transferir el deseo a los objetos naturales, el autor expresaba la urgencia de fijar en el tiempo lo que de otro modo ha de desaparecer. La mitificación del universo natural es un modo de convertir en transcendental el mundo al que se tiene acceso.

El objetivo del poeta es la meditación de *Ocnos* sobre el tiempo y sobre el deseo. Esta meditación se hace más eficaz a través de diferentes *personae* que ilustran varias etapas del crecimiento de la personalidad. El uso de la segunda persona, "tú", y el nombre de un personaje mítico de la *Égloga segunda* de Garcilaso, "Albanio", consiguen que el autor se distancie, logrando así una objetivación del sentimiento.

En *Ocnos* crea Cernuda un mito, "El acorde", en el poema del mismo título, que pretende ilustrar precisamente lo que significa la percepción mítica del universo, la cual permite que nos alejemos de la realidad cotidiana para entrar en otra esfera de realidad. El autor acredita este estado a momentos de rara belleza, provocados muchas veces por la música.

Bibliografía general

AVNI, ORA, *Tics, tics et tics: Figures, syllogismes, récits dans "Les Chants de Maldoror"*, Lexington, Kentucky: French Forum, 1984.

BATAILLE, GEORGE, *Lascaux or The Birth of Art: Prehistoric Painting*, Trans. Austryn Wainhouse, Paris: Skira Color Studio, 1955.

—. *La literatura y el mal*, Trad. Lourdes Ortiz. Madrid: Taurus, 1977.

BARTHES, ROLAND, *Mythologies*, Paris: Editions de Seuil, 1957.

BAUDELAIRE, CHARLES, *Oeuvres completes*, Paris: Robert Laffort, 1980.

BENEDIKT, MICHAEL, *The Prose poem: An International Anthology*, New York: Dell Publishing Co., 1976.

BOUSOÑO, CARLOS, *La poesía de Vicente Aleixandre,* Madrid: Gredos, 1956.

BRENNAN, JOSEPH GEROD, *Three Philosophical Novelists: James Joyce, André Gide, Thomas Mann*, New York: MacMillan & Co., 1964.

BRETON, ANDRÉ, *Manifestes du surréalisme*, Paris: Gallimard, 1972.

CAILLOIS, ROGER, *Le Mythe et l'homme*, Paris: Gallimard, 1972.

CAMINADE, PIERRE, *Image et métaphore*, Paris: Bordas, 1970.

CAMPBELL, JOSEPH, "Bios and Mythos: Prolegomena to a Science of Mythology", *Myth and Literature*, ed. John B. Vickery, Lincoln: U. of Nebraska P., 1969.

—. *The Flight of the Wild Gander: Explorations in the Mythological Dimension*, New York: The Viking Press, 1969.

—. *The Hero with a Thousand Faces*, Princeton: Princeton U.P., 1973.

—. *The Masks of God: Creative Mythology*, New York: The Viking Press, 1968.

CARSON, ANNE, *Eros the Bittersweet*, Princeton: Princeton U.P., 1986.

CASSIRER, ERNST, *Language and Myth*, Trans. Susanne K. Langer, New York: Dover Publications, Inc., 1953.

CAWS, MARY ANN, *The Poetry of Dada & Surrealism*, Princeton: Princeton UP, 1970.

CENCLLLO, LUIS. *Mito: semántica y realidad*, Madrid: Biblioteca de Autores Cristianos, 1970.

CHANDRA, NARESH, *New Criticism: An Appraisal*, Delhi, India: Doaba House, 1979.

CHENEY, LIANA, "Disguised Eroticism and Sexual Fantasy in Sixteenth-and-Seventeenth-Century Art", *Eros in the Mind's Eye: Sexuality and the Fantastic in Art and Film*, New York: Greenwood Press, 1986: 134149.

CILVETL, ÁNGEL, *El significado de La vida es sueño*, Valencia: Albatros, 1971.

CIRLOT, JUAN EDUARDO, *Diccionario de símbolos*, Barcelona: Labor, 1969.

COLERIDGE, SAMUEL TAYLOR, *Biographia Literaria*, London: J. M. Dent & Sons, 1906.

Cohen, J. M., ed. *The Myths of Plato*, Trans. J. A. Stewart. Introd. G. R. Levy. London: Centaur Press, Ltd., 1960.

Cook, Albert, *Myth and Language*. Bloomington: Indiana U.P., 1980.

Derrida, Jacques, *Dissemination*, Trans. & introd. Barbara Johnson. Chicago: The U. of Chicago P., 1981.

Dragonetti, Roger, "Métaphysique et poétique dans l'oeuvre de Mallarmé: Hérodiade, Igitur, Le Coup de dés", *Revue de Métaphysique et de Morale*, 84 (1979): 366-96.

Edelson, Marshall, *Language and Interpretation*, New Haven: Yale U.P., 1975.

Eliade, Mircea, *Myth and Reality*, Trans. Willard R. Trask. New York: Harper & Row, 1968.

—. *The Sacred and the Profane*, Trans. Willard R. Trask. New York: Harper & Row, 1961.

Evans, Arthur, *The God of Ecstasy*, New York: St. Martin's Press, 1988.

—. *The Facts on File: Encyclopedia of Word Mythology and Leyend*, ed. Anthony S. Mercatante. New York: Facts on File, 1988.

Feder, Lilian, "A definition of myth", *Ancient Myth in Modern Poetry*, Princeton: Princeton U.P., 1971: 3-33.

Freud, Sigmund, *Beyond the Pleasure Principle*, Trans. James Strachey. New York: W. W. Norton & Co., 1961.

—. *The Interpretation of Dreams*, Trans. James Strachey. New York: Basic Books, 1965.

Frye, Northop, *The Anatomy of Criticism*, Princeton: Princeton UP, 1957.

—. "Yeats and The Language of Symbolism", *Studies in Poetic Mythology*, New York: Harcourt, Brace, and World Inc., 1963: 218-264.

Girard, Rens, *Violence and the Sacred*, Trans. Patrick Gregory. Baltimore: The Johns Hopkins UP, 1977.

GEIST, ANTHONY LEO, *La poética de la Generación del 27 y las revistas literarias*, Barcelona: Labor, 1980.

HOLLIER, DENIS, ed. *The College of Sociology*, Trans. Betsy Wing. Minneapolis: U of Minnesota P. 1988.

HUIDOBRO, VICENTE, "El creacionismo". *Obras poéticas selectas*, Santiago de Chile: Editorial del Pacífico, 1957: 267-282.

ILIE, PAUL, *The Surrealist Mode in Spanish Literature*, Ann Arbor: Michigan UP, 1968.

JAKOBSON, ROMAN, *Essais de linguistique génerale*, Trad. Nicolas Ruwet, Paris: Les Editions de Minuit, 1963.

JUNG, CARL. G., *Collected Works*, 2nd ed., Vols. 5, 7 & 9, ed. Sir Herbert Read, et al., Trans. R. F. C. Hull. 19 vols., New York: Bollingen Foundation, 1966.

—. *Psyche and Symbol*, ed. Violet S. Laszlo, Garden City, New York: Doubleday Anchor Books, 1958.

KOJEVE, ALEXANDER, *Introduction to the Reading of Hegel: Lectures on the Phenomenology of the Spirit*, ed. Alan Bloom. Trans., James H. Nichols, Jr., Ithaca: Cornell U.P., 1980.

KURZWEIT, EDITH & WILLIAM PHILLLPS, eds. *Literature and Psychoanalysis*, New York: Columbra U.P., 1983.

LACAN, JACQUES, *Écrits*, vols. 1 & 2, Paris: Éditions du Seuil, 1966, 1971, 2 vols.

—. *Speech and Language in Psychoanalysis*, Trans. & ed. Anthony Wilden, Baltimore: Johns Hopkins UP, 1981.

LAPLANCHE, J. & J. B. PONTALIS, *The Language of Psychoanalysis*, Trans. Donald-Nicholson Smith, New York: W. W. Norton & Co., Inc., 1974.

LAUTRÉAMONT ET GERMAN NOUVEAU, *Oeuvres completes: Text et notes*, ed. Pierre-Olivier Walzer. Paris: Gallimard, 1970.

LEAHEY, THOMAS H., *A History of Psychology*, New Jersey: Prentice Hall, 1980.

LÉVI-STRAUSS, CLAUDE, "Overture", *The Raw and the Cooked*, Trans. John & Doreen Wightman, New York: Harper & Row, 1975, vól. 1 of *Introduction to a Science of Mythology*.

—. "The Structural Study of Myth", *Structural Anthropology*, vol. 1, Trans. Claire Jacobson & Brooke Crandfest Schoepf, New York: Basic Books, Inc., 1963: 206-231, 2 vols.

MACCANNELL, J. F., *Figuring Lacan: Criticism and the Cultural Unconscious*, Lincoln: U. of Nebrasca P., 1986.

MAINER, JOSÉ-CARLOS, *La edad de plata (1902-1939): Ensayo de interpretación de un proceso cultural*, 3 ed. Madrid: Cátedra, 1983.

MALINOWSKI, BRONLSLAW, *Myth in Primitive Psychology*, Westport: Negro U.P., 1971.

MALLARMÉ, STEPHANE, *Poésies*, Pref. Jean Paul Sartre, Paris: Gallimard, 1945.

MAURON, CHARLES, *Des Métaphores obsedantes au mythe personnel: Introduction a la psychocritique*, Paris: Gallimard, 1972.

MICHAUD, GUY, *Mallarmé*, Trans. Marie Collins & Bertha Humez, New York: New York U.P., 1965.

MORRIS, C. B. *Surrealism and Spain: 1920-1936*, England: Cambridge U.P., 1972.

Mythology: An Illustrated Encyclopedia, ed. Richard Cavendish, New York: Rizzoli International, 1980.

L'Opera di Pussin, ed. Jacques Thuillier, Milano: Rizzoli, 1974.

OVID, *The Metamorphoses*, 2nd ed. Trans. Frank Justus Miller, Cambridge: Harvard U.P., 1926, 2 vols.

PAZ, OCTAVIO, *Claude Lévi-Strauss o el nuevo festín de Esopo*, México: J. Mortiz, 1969.

—. "La palabra edificante", *Cuadrivio*, México: J. Mortiz, 1969: 123-140.

PEÑUELAS, MARCELINO, *Mito, literatura y realidad*, Madrid: Gredos, 1965.

PLATO, *The Symposium on Love, or The Banquet*, Trans. Percy B. Shelley, Mt. Vermon, NY: n. d.

POSTER, MARK, *Existential Marxism in Postwar France*, Princeton: Princeton U.P., 1975.

PRAZ, MARIO, *The Romantic Agony*, Trans. Angus Davidson, England: Oxford U.P., 1979.

RANK, OTTO, *The Double*, Trans., introd. & ed. Harry Tucker, Jr. Chapel Hill: U. of North Carolina P., 1971.

REIS, CARLOS, *Fundamentos y técnicas del análisis literario*, Madrid: Gredos, 1981.

RIFFATERRE, MLCHAEL, *Text Production*, New York: Columbia U.P., 1982.

—. *Semiotics of Poetry*, Bloomington: Indiana U.P., 1978.

ROBIDOUX, RÉJEAN, *Le Traité du Narcisse (Théorie du Symbole) d'André Gide*, Ontario, Can: Editions de l'Université d' Ottawa, 1978.

STRENSKL, IVAN, *Four Theories of Myth in Twentieth Centuly History: Cassirer, Eliade, Lévi-Strauss, and Malinowski*, Iowa City: U. of Iowa P., 1987.

TORRE, GILLERMO DE, *Historia de las literaturas de vanguardia*, vol. 1, Madrid: Guadarrama, 1971, 2 vols.

VICO, GIAMBATTISTA, *The New Science of Giambattista Vico*, Trans., Thomas Goddard Bergin & Max Harold Fisch, Ithaca: Cornell U.P., 1948.

VILLEGAS, JUAN, *La estructura mítica del hérore en la novela del siglo XX*, Barcelona: Planeta, 1973.

WATTS, ALAN W., *The Two Hands of God: The Myths of Polarity*, Toronto, Can: Collier Books, 1969.

WILDE, OSCAR, *Literary Criticism*, Lincoln: U. of Nebraska P., 1968.

WORDSWORTH, WILLIAN, "Preface to Lyrical Ballads, with Pastoral and Other Poems". *William Worsworth: The Poems*, vol. 1 New Haven: Yale U.P., 1977: 867-896, 2 vols.

ZIMA, P. V., *Le Désir du mythe: Une lecture sociologique de Marcel Proust*, Paris: E. A. G. Nizet, 1973.

OBRAS DE CERNUDA

CERNUDA, LUIS, *Cartas a Eugénio de Andrade*, ed. Ángel Crespo, Madrid: Olifante, 1979.

—. *Critica, ensayos y evocaciones*, ed. Luis Maristany, Barcelona: Seix Barral, 1970.

—. *Epistolario inédito*, ed. Fernando Ortiz, Sevilla: Ayuntamiento, 1981.

—. *Estudios sobre poesía española contemporánea*, Madrid: Guadarrama, 1957.

—. *Ocnos seguido de Variaciones sobre tema mexicano*, Pról. Jaime Gil de Biedma, Madrid: Taurus, 1979.

—. *Perfil del Aire: con otras obras olvidadas e inéditas: documentos y epistolario*, ed. Derek Harris, London: Tamesis Books, 1971.

—. *Poesía y literatura*, Barcelona: Seix Barral, 1960.

—. *Prosa Completa*, ed. Derek Harris & Luis Maristany, Barcelona: Barral Editores, 1973.

—. *La realidad y el deseo*, México: Fondo de Cultura Económica, 1965.

—. "Prólogo", *Sonetos clásicos sevillanos*, Selec. por Luis Cernuda, Sevilla: El observatorio Ediciones, 1986.

—. *Tres narraciones*, Barcelona: Seix Barral, 1974.

Obras sobre Cernuda

ALEIXANDRE, VICENTE, "Luis Cernuda deja Sevilla', *Los encuentros*, Madrid: Guadarrama, 1958: pp. 139-143.

ANCET, JACQUES, *Luis Cernuda: Une étude de Jacques Ancet, avec un choix de textes*, Paris: Seghers, 1972.

ARANGUREN, JOSÉ LUIS, "La evolución espiritual de los intelectuales españoles en la emigración", *Cuadernos Hispanoamericanos*, febr. 1953: pp. 123-157.

AZCOAGA, ENRIQUE, "Poesía: Holderlin, el joven puro", *El Sol* 15 mayo 1936: pp. 2.

BACARISSE, PAMELA, "Arcadia Revisited: Recent Work on Luis Cernuda", *Forum of Modern Language Studies* 9 July 1973: pp. 301-309.

BALLESTERO, MANUEL, "Poesía y distanciación", *Poesía y reflexión: La palabra en el tiempo*, Madrid: Taurus, 1980: 89-133.

BAQUERO, GASTÓN, "La poesía de Luis Cernuda", *Darío, Cernuda y otros temas poéticos*, Madrid: Editora Nacional, 1969: 149-191.

BARNETTE, DOUGLAS, *El exilio en la poesía de Luis Cernuda*, El Ferrol, España: Sociedad de Cultura Valle-Inclán, 1984.

—. "Luis Cernuda y su generación: La creación de una leyenda", *Revista de Estudios Hispánicos*, 1 jan 1984: pp. 123-132.

BELL, AUBREY, *Castillian Literature*, Oxford: Clarendon Press, 1938: 115-116.

BELLÓN CABAZÁN, JUAN, *La poesía de Luis Cernuda*, Granada: U. de Granada, 1973.

BELLVER, C. G., "Luis Cernuda and T. S. Eliot: A Kinship of Message and Motifs", *Revista de Estudios Hispánicos* 17. 1, Jan, 1983: pp. 107-24.

BODINI, VITTORIO, *Los poetas surrealistas españoles*, Barcelona, Tusquets, 1971.

BOUSOÑO, CARLOS, "La correlación en el verso libre: Luis Cernuda", *Seis calas de la expresión poética*, Madrid: Gredos, 1951: 283-289.

BRUTON, KEVIN J., "Luis Cernuda's Debt to Holderlin: Symbolical Reference and Internal Rhythm", *Revue de Littérature Comparée*, 58. 1 [229] Jan. -Mar. 1984: pp. 37-49.

—. "Luis Cernuda's Exile Poetry and Coleridge's Theory of Imagination", *Comparative Literature Studies* 21. 4 Winter 1984: pp. 383-395.

CANO, JOSÉ LUIS, *La poesía de la generación del 27*, Madrid: Guadarrama, 1970.

CAPOTE BENOT, JOSÉ MARÍA, *El período sevillano de Luis Cernuda*, Madrid: Gredos, 1971.

—. *El surrealismo en la poesía de Luis Cernuda*, Sevilla: U. de Sevilla, 1976.

COLEMAN, ALEXANDER, *Other Voices: A sfudy of the Late Poetry of Luis Cernuda*, Chapel Hill: U. of North Carolina P., 1969.

CURRY, RICHARD, *En torno a la poesía de Luis Cernuda*, Madrid: Pliegos, 1985.

DELGADO, AGUSTÍN, *La poética de Luis Cernuda*, Madrid: Editora Nacional, 1975.

DORESTE, VENTURA, "Poemas para un cuerpo", Ínsula 142 sept. 1958: p. 7.

GARIANO, CARMELO, "Aspectos clásicos en la poesía de Luis Cernuda", Hispania 48. 2 May 1965: pp. 234246.

HARRIS, DERECK, ed. Luis Cernuda, Madrid: Taurus, 1977.

—. Anthony Edkins, eds. The Poetry of Luis Cernuda, New York: New York UP, 1971.

JIMÉNEZ, JUAN RAMÓN, "Héroe español: Luis Cernuda, Españoles de tres mundos, Buenos Aires: Losada, 1942: 163-164.

JIMÉNEZ FAJARDO, SALVADOR, Luis Cernuda, Boston: Twayne Pub., 1978.

JONES, RICA, "Luis Cernuda", Bulletin of Spanish Studies 60 October 1938: pp. 195-202.

LLORENS CASTILLO, VICENTE, "La imagen de la patria en el destierro", Asomante 5 July-Sept, 1949: pp. 29-41.

LÓPEZ ESTRADA, "Estudios y cartas de Cernuda: 1926-1929", Ínsula 207, febr. 1964: pp. 3, 16-17.

MARCIAL DE ONÍS, CARLOS, El surrealismo y cuatro poetas de la Generación del 27, Madrid: José Porrúa Turanzas, 1974.

MARTÍNEZ NADAL, RAFAEL, Españoles en la Gran Bretaña: Luis Cernuda, el hombre y sus temas, Madrid: Hiperión, 1983.

MAYORAL, MARINA, "Unos cuerpos son como flores", Poesía española contemporánea: Análisis de textos, Madrid: Gredos, 1973: 188-196.

MORALES, JOSÉ RICARDO, "Luis Cerndua", Poetas en el destierro, Santiago, Chile: Cruz del Sur, 1943: 24672.

MORENO VILLA, J., Vida en claro: Autobiografía, México: El Colegio de México, 1944.

NÚÑEZ, VICENTE, "Pensamiento crítico y poesía de Luis Cernuda", Ínsula 170 Jan. 1961: pp. 5.

ORTIZ, FERNANDO, "Luis Cernuda: del mito a la elegía", Nueva Estafeta 24 (1980): pp. 67-73.

—. "T. S. Eliot en Cernuda", *Cuadernos Hispanoamericanos* 416 (1985): pp. 95-104.

PACHECO, EMLLIO, "Grandeza y soledad de Luis Cernuda", *Revista Mexicana de Literatura* 78 JulyAug. 1963: pp. 54-56.

PANERO, LEOPOLDO, "*Ocnos*, o la nostalgia contemplativa", *Cuadernos Hispanoamericanos* 10 (1949): pp. 183-187.

PAZ, OCTAVIO, *Cuadrivio*, México: Joaquín Mortiz, 1965.

PEREGRÍN OTERO, CARLOS, "Cernuda y los romáticos ingleses", *Studies in Honor of José Rubia Barcia*, eds. R. Johnson & P. C. Smith, Lincoln: Society of Spanish and Spanish American Studies, 1982.

PINTO, PATRICIA, *España (presente e historia) en la poesía de Luis Cernuda*, Tesis doctoral, Minnesota: U, of Minnesota, 1979.

—. "Lo mítico, una nueva lectura de *Ocnos*", *Acta Literaria* 6 (1981): pp. 119-138.

QUIRARTE, VICENTE, *La poética del hombre dividido en la obra de Luis Cernuda*, México: UNAM, 1985.

RAMOS ORTEGA, MANUEL, *La prosa literaria de Luis Cernuda: el libro Ocnos*, Sevilla: Diputación Provincial, 1982.

REAL RAMOS, CÉSAR, *Luis Cernuda y la Generación del 27*, Salamanca: U. de Salamanca, 1983.

ROZAS, MANUEL y TORRES NEBREA, GREGORIO, *El grupo poético del 27*, Madrid: Cincel, 1980.

RUIZ SILVA, CARLOS, *Arte, amor y otras soledades en Luis Cernuda: ensayo*, Madrid: De la Torre, 1979.

SILVER, PHILIP, *"Et in Arcadia Ego": A Study of the Poetry of Luis Cernuda*, London: Tamesis Books, 1965.

SOUFAS, C. C. JR., "Cernuda and Daimonic Power", *Hispania* 66 May, 1983: pp. 167-175.

—. "'Et in Arcadia Ego': Luis Cernuda, Ekphrasis and the Reader", *Anales de Literatura Española Contemporánea* 7. 1 (1982): pp. 97-107.

TALENS, JENARO, *El espacio y las máscaras: introducción a la lectura de Cernuda*, Barcelona: Anagrama, 1975.

UGARTE, MIGUEL, "Luis Cernuda and the Poetics of Exile", *Modern Language Notes* 101. 2 Mar. 1986: pp. 325-341.

ULACIA, MANUEL, *Luis Cernuda: escritura, cuerpo y deseo*, Barcelona: Laia, 1986.

VALDÉS, JORGE, "La aportación de *Égloga, Elegía, Oda a la poética* de Luis Cernuda", *At Home and Beyond: New Essays on Spanish Poets of the Twenties,* ed. Salvador Jiménez Fajardo & John C. Wilcox, Lincoln: Society of Spanish and Spanish-American Studies, 1983.

VALENDER, JAMES, *Cernuda y el poema en prosa*, London: Tamesis Books, 1984.

VALENTE, JOSÉ ÁNGEL, *Luis Cernuda en su mito, Las palabras de la tribu,* Madrid: Siglo XXI, 1971: 262-265.

VIVANCO, LUIS FELIPE, "Luis Cernuda en su palabra vegetal indolente", *Introducción a la poesía española contemporánea,* Madrid: Guadarrama, 1957.

Imagen de la prostituta en la novela mexicana contemporánea, María R. González.

Borges/Escher, Sarduy/CoBrA: un encuentro posmoderno, Lillian Manzor Coats.

Severo Sarduy y Pedro Almodóvar: del barroco al kitsch en la narrativa y el cine postmodernos, Alejandro Varderi.

La autobiografía ficticia en Unamuno, Martín Gaite y Semprún, Liliana Soto Fernández.

Historia ficticia y ficción histórica: Paraguay en la obra de Augusto Roa Bastos, Brent J. Carbajal.

El lenguaje poético de Miguel Hernández (El rayo que no cesa), Alberto Acereda.

La novela lúdica experimental de Julio Cortázar, María D. Blanco Arnejo.

Vanguardia y renovación en la narrativa latinoamericana, María Bustos Fernández.

Visión del pensamiento social de Ortega y Gasset: glosas a su obra El hombre y la gente, Francisco Poyatos Suárez.

Memorias de un hombre de acción de Pío Baroja: Estructura narrativa y simbolismos históricos, Mariano Ezequiel Gowland.

La obra poética de Luis Cernuda: entre mito y deseo, María Cristina C. Mabrey.

EN PREPARACIÓN

Función del personaje femenino en dos novelas hispanoamericanas, Rosa Fernández Levin.

La narrativa de Isaac Montero, Eufemia Sánchez de la Calle.

Humorismo y sátira en la poesía de Nicanor Parra, Eduardo Parrilla.

La poesía de Gloria Fuertes y Ángel González, Peter E. Browne.

Literatura latinoamericana contemporánea, ed. Ana María Hernández.